문학과지성 시인선 347

음악처럼
스캔들처럼

이민하 시집

문학과지성사

문학과지성사에서 펴낸 이민하의 시집

환상수족(개정판, 2015)
세상의 모든 비밀(2015)
미기후(2021)

문학과지성 시인선 347
음악처럼 스캔들처럼

초판 1쇄 발행　2008년 5월 23일
초판 4쇄 발행　2022년 4월 22일

지 은 이　이민하
펴 낸 이　이광호
펴 낸 곳　㈜문학과지성사

등록번호　제1993-000098호
주　　　소　04034 서울 마포구 잔다리로7길 18(서교동 377-20)
전　　　화　02)338-7224
팩　　　스　02)323-4180(편집)　02)338-7221(영업)
전자우편　moonji@moonji.com
홈페이지　www.moonji.com

ⓒ 이민하, 2008, Printed in Seoul, Korea

ISBN 978-89-320-1857-7 03810

이 책의 판권은 지은이와 ㈜문학과지성사에 있습니다.
양측의 서면 동의 없는 무단 전재 및 복제를 금합니다.
지은이는 2007년 한국문화예술위원회가 지원한 창작지원금을 수혜했습니다.

문학과지성 시인선 347
음악처럼 스캔들처럼

이민하

2008

시인의 말

병동을 옮겼을 뿐인데 사람들은 나를 못 알아본다. 복도에서 서성거리는 그들 중 한 사람은 나랑 아주 닮았다. 혀가 마르도록 그녀의 입에서 만가가 흘러나오고 있었다. 나는 소문처럼 번지면서 벽을 통과할 듯 희미해진다. 그들이 모두 사진 속으로 돌아간 저녁,

'너'라는 꽃病이 놓인 또 다른 병실로 옮겨지기까지 나는 나의 통증을 관리한다.

2008년 5월
이민하

음악처럼 스캔들처럼

차례

시인의 말

제1악장
첫 키스　9
합창단　10
식탁　12
일요일　13
전망 좋은 창　14
빈 상자　16
해피엔드　18
血流　20
비둘기 페트라　21
오이에 관한 편견과 중독　28
유년의 전설　30
해변의 소녀들　32
구름표범나비　34
레이니하우스　36
천국의 i들　39
해변의 수족관　42
두 개의 항아리　44
피아노　48

제2악장

거식증 53
개랑 프라이 54
애인은 고기를 사고 56
문제작 58
6월 성탄제 64
묘지 위의 산책 67
가위놀이 70
계단놀이 72
카니발 75
가면놀이 77
관객놀이 80
테이블 82
악수놀이 85
구름놀이 87
유재河 90
배드민턴 92
지하철 3호랜드 95
wallpaper for the soul 98
시간의 골목 102
시간의 골목 104
칼의 꽃 108
바늘과 트랙 110

제3악장

가든파티 115

지붕 위의 잠 120

요리의 탄생 123

삭발 126

글루미선데이클럽 128

302호 밍크고래 130

누드 134

밀담 136

녹턴 139

사이의 관극 142

뿔뿔이 144

移死 前夜 145

지붕 위의 아리아 148

달리는 달리 151

한 아이가 시소를 타며 놀고 있네 154

어둠의 악보 156

안락의자 158

지퍼 161

관계의 고집 165

해설│어제의 상처, 오늘의 놀이, 내일의 침묵·신형철 166

제1악장

첫 키스

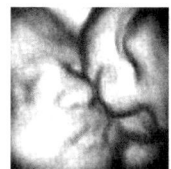

한 개의 입으로는 태어날 수 없나니
우린 뱃속에서 옹알이 대신 입 맞추는 연습을 했네.
지퍼처럼. 복화술처럼.
서로 다른 얼굴로는 태어날 수 없나니
우린 뱃속에서 걸음마 대신 변장술을 익혔네.
처음 거울을 마주하고 텁수룩한 입술을 면도하던 날
차가운 혀를 몰래 나누고 우린 스쳐갔네.
음악처럼. 스캔들처럼.

* 사진은 4차원 초음파로 촬영된 여자쌍둥이 태아의 얼굴을 엇댄
  모습. 영국 Daily Mirror 보도(2007. 1. 16).

합창단

우리는 사이에서 태어났습니다. 내장과 허공 사이.
저녁과 아침 사이. 지금은 새벽 두 시입니다.

전쟁과 고요 사이를 사용하기 위해
우리는 소리의 약탈에 눈떴습니다.

소년들은 우측으로 소녀들은 좌측으로.
배급표를 받으려면 줄을 서세요.
행렬은 내일과 모레, 아빠들의 월급날까지

그리고 달의 빙벽까지 계속됩니다.
소년들은 소녀들의 샴푸 냄새를 채취하려고 발꿈치를 듭니다.
너무 자라서 죽은 언니들은 차가운 보름달 아래 안부를 적어 보냅니다.

편지를 읽기 위해 우린 문맹퇴치학교에 모이지만
말의 시취가 새지 않도록

이빨을 재갈처럼 물고 있습니다.

어둠의 도시락을 까먹는 무말랭이 같은 아이들을 먹여 살리려고
죽은 언니들은 부장품을 빼돌립니다.
우리들 목숨의 절반은 그녀들 것입니다.

무기거래상들이 우리의 목소리를 다듬었지만
우리는 안전핀처럼 비명을 착용합니다.

메트로놈처럼 빠르게 왕복하는
아침마다 저녁마다 한쪽으로 기우는 척추에
비누를 문지르세요.

단단함과 거품 사이에서 흔쾌히 태어나겠습니다.
우리의 독창은 귓속말을 위해 사용하겠습니다.
비만한 음표와 지루한 오선지 사이.

식탐

거리의 설계도면은 바뀌었고 풍경을 덜어내거나 덧대는 일에 탄력이 붙기 시작했으며 우리의 나날은 소풍을 간다

깜박깜박 애드벌룬 두 개를 띄우고
건물 계단의 아삭아삭한 콧날
삼키면서 토하는 회전문에는 립글로스를 살짝 발라

백지로 둘둘 말아 구름의 한입 크기로 썰어
달그락달그락 얼굴에 싸 들고 행진하는 피크닉

풀밭에 둘러앉아 얼굴을 펼친다 얽히는 시선은 하늘을 찌르고 바람의 휘발유를 엎지르며 새롭게 미의 구도는 번창하지만, 눈이 모자란 아이들을 따돌리며

붙박이 나무들은 움켜쥔 열매로 캐치볼을 했네
가볍게 입을 털고 지평선 너머로 달려나가는 애꾸 소년들의 눈빛 뒤에서

일요일

없는 목을 길게 빼고 마술사는 카드를 돌리죠.
여섯 개의 트렁크가 왁자지껄 세탁물처럼 토해낸
여섯 명의 이구동성.
가스불 위에 축축한 눈을 펼쳐놓고 모두 잠이 들죠.
트렁크를 나르고 망을 보던 문지기가 발을 동동
구르며 탄내를 끌 때까지.
창문은 수다스런 연기의 확성기. 화들짝 깨어난
화요일의 사람이 그을린 눈에 참기름을 척척 발랐죠.
꼬리를 살랑살랑 먼지들이 짖어댑니다.
비늘을 다 떨어낼 때까지 물구나무서는 모래계단.
냉장고엔 초경을 쏟는 소녀들, 사과잼처럼
침대에 펴 바르고 어둠은 포크를 돌리죠.
눈을 덜 말린 사람들은 아직 프라이팬을 뒤집고
마술의 효력은 이제부터랍니다.
없는 손을 얼키설키 트렁크들은 카드를 뒤섞고
카드를 읽지 못한 마술사가 아직 돌아가지 못했는데
없는 얼굴로 우리는 껌을 뱉듯
화면을 끄죠.

전망 좋은 창

고개를 갸웃거리던 아버지가 달력을 들추더니
저금통을 털어 時場에 다녀오신다

뭐하려구요, 아직 가느다란 혀들을 가누지 못하는
내가 검은 포대기에 싸인 채 묻는다

아버지는 찰랑찰랑 웃음을 처마 끝에 달아두고
맑은 아침을 골라 화단의 흙을 손톱으로 팠다

고등어를 손질하던 엄마의 엉덩이가 햇덩이처럼
달아올라 비린내를 풍겼다
고춧가루 같은 땡볕이 따끔거려 나는 눈을 반쯤 감
고 있었다

아버지는 주머니에서 꺼낸 꽃씨를 가득
화단에 묻고 집을 둘러보며 의기양양했다

갑작스런 소낙비가 처마를 흔들고 지나가자

고개를 갸웃거리던 아버지는 다시 흙을 파기 시작했다

  포대기에서 나를 꺼내 엉덩이를 탁탁 털더니
  거꾸로 세워 허리까지 흙에 묻고는 시간의 포장리본을 풀었다

  광택이 흐르는 연둣빛 신발들을
  핏기 없는 발가락마다 신겨주고는 두 손을 탁탁

  그러고는 생일상 위에 초를 꽂는 엄마가 있는
  사각 창문 안으로 들어가 화단을 바라봤다

  茂盛한 입들이 땅 속으로 뻗었고
  無聲한 잎들이 바람의 계단을 밟고 창문을 뜯어먹었다

빈 상자

 팔색조 한 마리를 상자에 담아 그에게 보낸다. 상자를 열자 새는 공기를 휘젓고 사라지고 그는 상자를 버린다. 꽃나무를 담아 상자를 보낸다. 그는 꽃나무를 정원에 옮겨놓고 상자를 버린다. 책을 담아 상자를 보낸다. 그는 책을 책꽂이에 꽂아두고 상자는 버린다. 책을 읽던 그는 짓무른 눈알을 따서 정원에 버린다. 팔색조가 돌아와 눈알을 쪼아대자 키가 자란 꽃나무가 두 팔을 공중에 매달고 몸을 푼다. 나는 벽시계를 담아 상자를 보낸다. 그는 시계를 벽에 기대놓고 계절이 흐르기 시작한 정원에 상자를 버린다. 그가 벽시계를 꽝꽝 벽에 박아 넣는 동안 그림 연습을 하던 나는 실물보다 더 진짜 같은 무지개를 그려 상자에 담아 보낸다. 무지개는 벽에 걸려 코가 자라고 상자는 버려진다. 그는 장마철에도 우산 대신 무지개를 펼친다. 벽에서 넘친 무지개가 뒷마당까지 덮는다. 통조림처럼 꽃나무와 새들이 썩지 않는다.

나는 빈 상자를 그에게 보낸다. 뚜껑을 열고 닫고 이리저리 살피다 그는 잠든다. 나는 빈 상자를 자꾸 만든다. 그가 저녁마다 산책하는 공원에도 가지 않는다. 내 방은 빈 상자로 꽉 찬다. 수소문한 그가 전화를 걸어온다. 나는 대답 대신 빈 상자를 자꾸 보낸다. 빈 상자를 넣을 빈 상자를 만든다. 상자 속에 상자 속에 상자를 넣어 작은 상자 큰 상자 자꾸 보낸다. 뚜껑을 열며 뚜껑을 열며 상자 속으로 들어가는 그는 그 속에서 잠을 잔다. 상자 모서리에 매달려 커다란 상자를 두르던 나도 잠을 잔다. 어김없이 찾아온 트럭이 커다란 상자를 운반한다. 흔들림에 잠을 깬 내가 그에게 도착한다. 상자 속에 상자 속에 잠든 그는 내가 온 줄 모른다. 나는 상자를 뚫으려 두 팔을 휘두른다. 상자를 빠져나오자 낯익은 이불이 납작하게 접혀진다. 낯익은 벽들이 각을 세우고 천장을 덮는다. 기다리고 있던 거대한 트럭이 내 방을 싣는다.

해피엔드

엄마가 오늘은 사과를 주지 않네
달콤한 키스를 부르는
독이 든 사과
모든 것이 제자리로 돌아가는 해피엔드

거울아 거울아
세상에서 제일 아름다운
엄마는 이제 너를 들여다보지 않네
손톱도 뾰족하게 다듬지 않고
가래를 삼키듯 질문도 꿀꺽 꿀꺽 꿀꺽
지하 사과공장엔 들르지도 않고 사탕을 입에 물고
이목구비를 예치할 은행을 고르고 있네

발코니 아래 사과배달마차에는
시간의 갈기에 들러붙어 썩고 있는 사과들
달빛은 엄마의 등을 토닥이고 돌아앉아
동굴로 가는 길을 자르고 있네
바퀴통에서 떨어져나가 떠도는 네 개의 머리

나른한 미모가 의욕을 잃고 팽개친 주사위

네 개의 머리를 굴리며 숲속을 뒤지던
숨바꼭질 놀이는 추억처럼 뻔해서
왕복하는 낡은 길 위에 아무도 목을 내주지 않네
동굴의 평화는 유리棺처럼 지루해
침대를 둘러싼 머리 없는 난쟁이들의 춤

거울아 거울아
이제 그만 머리를 내놓아라
달콤한 악몽을 부르는
독이 든 머리
모든 것이 제자리를 지워가는 해피엔드

血流

벌거벗은 아기가 말을 탄다
　　　나는 멀미를 한다

벌거벗은 소녀와 소녀가 마주 보고 말을 탄다
　　　나는 멀미를 한다

벌거벗은 처녀들이 둥글게 말을 탄다
　　　나는 멀미를 한다

벌거벗은 엄마들이 물독을 내려놓고 말을 탄다
　　　나는 멀미를 한다

물독에서 넘친 수천 방울의 태아들이 말을 탄다
　　　천지사방 달리던 혈관들이 바다처럼 젖어
　　　나는 멀미를 뚝 멈춘다

무한대로 질주하던 말들이 멈추자 맨몸에서 꿈틀,
　　　벌거벗은 여자들이 멀미를 한다

비둘기 페트라

pigeon's milk

숲이 있었다. 초록비둘기가 있었다.

펄럭이는 깃발과 세레나데와 풍성한 나무열매와 반짝이는 거미줄.

그리고 혈통이 다른 비둘기들.

피를 확인해봐요. 할아버지가 가꾼 산책길에서 장미 가시에 긁힌 상처가 있는지 깃털을 들춰봐요.

아가야, 장미밭을 돌본 지 오래되었구나. 손가락이 시들어버렸어.

아랫마을에서는 귀를 찢어 상처의 문신을 새긴 아이들이 태어났다.

묘지 근처의 비둘기들은 날개를 꺾어 울타리를 늘렸다.

비둘기젖을 주세요, 아이들은 왜 보채지도 않죠?

너에게 준 간밤의 젖이 마지막이었단다. 고무점토로 번식하는 종족만 남았는걸.

손을 닦다 말고 진열대 위 아이들의 주머니에 예쁘

게 달린 입을 가리키며

할아버지는 천둥처럼 쩌렁쩌렁 웃었다.

엄마들

저녁을 마치고 드리블 놀이를 하던 페트라는 공이 빠진 연못 주위를 폴짝거렸다.

연못을 가로지른 낯선 다리가 눈에 띄자 동작을 멈추고 신기하게 바라봤다.

잿빛 유니폼을 입은 아이들이 발자국도 없이 지나가고 있었다.

일렬로 선 그들 틈에 끼어 페트라는 불빛이 축축 늘어진 숲으로 들어갔다.

아이들에게 초코파이와 검은 안대를 건네주던 천사가 갑자기 호각을 불었다.

넌 참 특이하게 생겼구나. 내가 네 엄마가 돼줄게. 여기선 발뒤꿈치를 들어야 한단다.

불빛이 번지는 연못마다 천사엄마가 늘어났다.

하루는 오솔길을 지나 언덕에서 뒤뚱거리며 나는 연습을 하고 있는데

뒤에서 달려오던 기차 바퀴가 날개를 덮쳤다.

화들짝 놀란 천사엄마들의 비명이 기차에서 뛰어내렸을 때

페트라는 쓰러져 있었고 애꾸눈이 되었다.

온몸에 감긴 깁스를 누가 좀 풀어줘요!

저녁 무렵 왼쪽 눈을 뜬 페트라는 소리쳤지만 온몸을 휘감은 건 고무점토였다.

날개옷을 입은 비둘기들을 위해 숲길마다 철로건설공사가 분주하던 시절이었다.

성년식

자고 일어나면 팔이 쭉쭉 길어져 있던 어느 여름날.

페트라는 길고 뾰족한 꼬리깃 하나를 뽑아 가려운

몸을 긁었다.

뭐하니 얘야, 엄마가 도와줄게. 앵두화관과 유리구두를 너에게 물려줄게.

빨간 루주의 뚱뚱한 비둘기가 창밖에서 손을 흔들었다.

친구들을 초대하렴. 식탁이 흘러넘치게 포도주를 차리자꾸나.

다른 손을 내밀어봐요. 물갈퀴가 달린 손은 엄마 손이 아닌걸요.

손을 멈추지 않던 페트라는 심드렁한 얼굴로 발가락 사이의 마지막 점토를 긁어냈다.

거추장스런 날개깃도 몇 가닥 덜어내자 몸이 가볍게 떠올랐다.

안녕. 페트라는 천천히 날개를 저었다.

바다에 들러 목을 축였다. 조갯살을 주워 짠 털양말을 발에 끼웠다.

나무 꼭대기들을 얽은 공기의 막을 뚫고 솟구쳐 오르자

나뭇잎들이 생리혈처럼 흩뿌렸다.
페트라는 끝없이 날아올랐다. 점점 숲에서 멀어져 구름밭에 도달했을 때 하늘의 새장에 갇혔다.

새장

지루한 낮잠에서 깨어 기지개를 켜고 있을 때
안녕. 새장 속으로 친구 윌리가 날아왔다.
페트라와 윌리는 유일한 모이인 사랑을 나눴다.
머리에서 꼬리까지 다정하게 서로의 쓸모없는 깃털을 뽑아주었다.
이건 장난일 뿐이야. 새장이 세상 밖이듯 우린 죽음 너머에 있지.
페트라가 뼈대만 남은 날개를 휘두르자
윌리는 빨갛게 상처를 벌린 채 바닥에 눕혀졌다.
천진난만한 인내심으로 페트라는 윌리의 숨이 끊어질 때까지 기진맥진 쪼아댔다.

우린 지루한 꿈을 꾸고 있는 거야. 이건 장난일 뿐이야.

공기펌프

숲은 펜촉에 바람을 발라가며 페트라를 밀봉한 회고담을 퍼뜨렸고
  페트라는 이야기 너머의 숲을 진공관처럼 바라봤다.
  그들은 공기펌프의 들숨과 날숨처럼 무병장수했다.
  공중으로 투신자살하는 새들의 앞길을 도모하기 위해
  나무들은 우산공장을 차리고
  천사엄마들은 불빛을 치켜들며 명암을 구분했다.
  우산은 비를 피하는 것이 아니라 가꾸는 것.
  젖은 구름에서 페트라의 발자국이 후드득 떨어져 내릴 때마다
  숲은 경련하며 파랗게 행진한다.

고무사냥꾼들은 유일한 장난감인 몸속의 철삿대를 떨면서
  굴뚝과 아랫목을 버려두고 구름을 향해 꿈벅꿈벅 엽총을 겨누었지만
  우린 지루한 꿈을 꾸고 있는 거야. 이건 이야기일 뿐이야.
  이야기가 끝나는 순간, 페트라는 죽는다.

* 페트라, 윌리: 동물학자 Konrad Lorenz가 새장에 넣어두고 관찰한 암수 비둘기의 이름.
* 공기펌프: 진공상태 실험관에서 죽어가는 비둘기를 바라보는 구경꾼들의 대비된 모습을 그린 Joseph Wright의 작품.

오이에 관한 편견과 중독

사각사각 살갗을 쓸어내리는 칼날.
파랗게 뜯겨지는 소름들.
당신의 냉장고엔 왜 오이가 줄지 않는 거야.

오이는 사슬. 밤마다
나를 향해 내미는 오이는 플러그.
오이는, 손가락의 기원이군.

이쯤에서 손가락을 내놓아봐.
헨젤의 가느다란 막대 말고 당신의 진짜 손가락.

막대 손가락을 가득 안은 너의 노크와
진짜 손가락에 살이 붙는 나의 조크와

손가락의 무게로 짓눌리는 몸.
뚱보라는 누명.

날마다 손가락을 훔쳐보며 아작아작, 우리의 듀엣.

마녀인 나는
마법을 걸어 과자로 만든 집에 너를 가두고
그레텔인 나는
마녀를 불에 태울 아궁이도 지피고 있지.

흡반을 정숙하게 벌리고
몸의 잔가지마다 수분을 끌어모으네, 방류될 듯

물고기의 씨앗들. 야채 시장에 활활
불이 나도 품절되지 않는 리듬.

날마다 손가락을 되씹으며 출렁출렁, 나만의 듀엣.

드디어 누명을 벗으려나봐요. 아아 아버지,
당신의 냉장고보다 환한 열 개의
손톱마다 노란 꽃이 피어나다니.

유년의 전설

　버스를 탔지요 밤이었지요 껍데기 까칠한 창문에 어둠의 노른자가 달라붙었지요 뭉글뭉글 손끝으로 핥아졌지요 달의 솜털이 샛노랗게 몸에 돋았지요 막 알을 깨고 나온 병아리 나는 어지러웠지요 버스를 탔지요 아침이었지요 개나리 깃털을 꽂은 골목길이 내 손을 끌고 학교로 갔지요 다리를 지날 땐 바람이 불었지요 깃털이 휘날려 두 눈을 가렸지요 더 멀리 낯선 길을 더듬고 싶었지만 굳은살투성이 추장의 손에 넘겨졌지요 당도한 마을의 새장 속에서 아이들은 합창을 하였지요 귀가 어두운 나는 헐렁한 구두를 타고 강변으로 달렸지요 버스를 탔지요 낮이었지요 물의 신이 찰랑찰랑 태엽을 풀고 있었지요 제물로 바쳐진 아이들이 허우적거리며 구두를 물어뜯었지요 구두 안에서 잠에 빠지던 나는 멀미를 앓아야 했지요 간밤에 교과서를 챙겨주던 엄마도 배를 움켜쥐고 돌아온 나를 어쩌진 못했지요 자라지 않는 발 대신 발가락 수를 늘리며 허둥지둥 강물을 건너다녔지요 버스를 꿰고서 집에서 마을로 줄다리기하던 길도 노랑 까망 깃털의 색깔만 바뀌었지요 버스를 탔지요 밤이었지요 구멍이 많은 버스는 밤새 구토를 했지요 사람들이 펑펑 쏟아졌지요 달이 내 몸에 마지막 빨대를 꽂았지요 나는 노란 분화구가 되어 불멸의 이름을 얻었지요 낯선 시간에서 온 관광객들에게 사진을 마구 팔았지요 잘게 쪼갠 얼굴로 함께 버스를 탔지요 생면부지인 나를 마주 보며 여행을 떠났지요

해변의 소녀들

소녀들이 물 속에 들어간다
은빛 비늘 조각들이 코를 찌르는
반짝이는 해변에는 기다란 하이힐을 신은 소나무들

양수에 잠겨 한나절
수평선부터 차츰 피가 번져왔다

소녀들은 혼비백산 피의 욕조에서 깨어나고
　엄마들은 케이크 가게와 약국에 들러 파티를 준비하고
　이리 나오렴!

가위에 눌린 소녀의 두 발이 물장구를 친다
　소녀들이 앞다투어 뽀글거렸다

물결 속에서 밀어올려진 소녀 한 방울 튀어올랐다
붉은 지렁이들의 헹가래

끈적한 점액질의 검은 소나무밭 너머
엄마들이 은발로 짠 머플러를 두르고
해풍을 피해 생선을 다듬는 동안

봉긋봉긋 하늘이 부풀더니
소녀들은 돌고래처럼 솟구쳐

구름 속으로 사라졌다
구름은 유두처럼 탱탱해졌고

소녀들은 물의 증거처럼 완성되었다

구름표범나비

나는 너를 개미라고 부를래
버거운 사체를 나르는 너의 팔에 매달려
나는 죽어서도 복에 겨운 지렁이가 될래
봄날 소풍 도시락을 싸는 너의 다리를 부러뜨리며
나는 너를 제비라고 부를래
그러면 너는 짧은 여름날 나무에 목을 매달고
심장처럼 꺼내는 매미의 눈물
그러면 나는 나무
십 량 너의 운구차가 지하에서 불면할 때
커피나무가 되어 펑펑펑 검은 물을 따른다
몸을 펼치면 표범
온몸 가득 까만 불씨를 날리며
너를 삼킬 타이밍을 놓치지 않는다
앉으면 구름
깔끔하게 무늬를 접는 날개의 뒷면
성숙한 우리의 인사법
너를 낳은 너의 이름은 오늘도 애지중지
미행을 하네 그가 휘휘 던지는 그물망을 피해

장애물경마 기수처럼 우리 달릴래?
달릴래? 그러면 너는 바람
천공에서! 눈앞에서! 땅 끝에서! 너의 목덜미를 끝없이 잡아타고서
나는 구름! 나는 표범! 나는 나비!
살이 벗겨지도록 일광욕을 하며 기린초의 꿀을 빠는
노란 입술 빨간 종아리
울긋불긋 이름이 많은 나를 부르며 목이 쭉쭉 늘어나는
너를 기린이라 부를래
그러면 너는 흑마술 같은 울음
바늘이 되어 나의 이름에 꾹꾹 文身을 하는
너를 자꾸 통과하며 門身이 되는
나는 죽어서도 구름표범나비
표본실에 묻혀 사각사각 날개를 펴고 접으며
찍을 테면 찍어봐! 포즈를 바꾸며

레이니하우스

어느 봄날엔 투명한 창마다 유리꽃이 그렁그렁 피고 졌다지. 오래전 이야기라네.

낙타가 느릿느릿 지나다니기에도 너무 헐거워진 복도의 모래바닥.

혈흔이 말라붙은 파이프가 거미줄처럼 얽힌 골조 속에 무덤을 만든 아이는 영영 **빠져나오지** 못했다지.

비가 내리면 비명을 지르며 벽들을 뛰어다니는

천둥아이가 외벽의 해진 틈새를 골판지처럼 내리파는 천 개의 손톱. 주룩주룩 떨어지는 핏방울.

어느 가을날 대양을 건너온 여행자의 손에는 새로운 지도가 펄럭거렸네.

그는 빗물에 찢겨지는 아파트와 젖어 부푸는 어둠이 맞닿은 절묘한 프레임에 갇혀

낡은 화단에 내리꽂는 끝없는 빗자락을 바라보았다네.

수십 년을 떠도는 유해라도 파헤칠 듯 흙을 그어대며 쏟아지는 여린 면도날

끝에서 반짝이는 그의 눈. 그리고 녹슨 열쇠 하나.

그는 텅 빈 베란다 난간을 바라보았네. 신기루처럼 어른거리는 덜 마른 나비들. 주차장을 향해 앞치마에서 풀어헤쳐진 손짓들.

은박 날개를 바스락거리는 나비 한 마리가 건네준 요구르트를 받아들고 손을 흔들던 경비원의 촉촉한 안경마저

유괴 현장이 묻힌 신문 한 귀퉁이처럼 바람 속에 갇힌 지 오래.

지상에서 오르는 가장 높은 곳은 없어. 빛바랜 기둥과 기둥 사이

아파트를 떠받치고 있는 건 허공이라네.

햇빛이 유리창들을 끌어올리면 쓰러질 듯 기면에 시달리던 봄날의 근육.

이제 비를 맞으며 벌이는 최상의 사건은 그대의 골격에 살을 입히는 폐허.

열쇠를 가진 여행자여, 그대가 잠입하고 싶은 건 이 도시의 원시림. 그 속을 관통하는 은밀한 핏줄들.
 그러나 그대가 손에 쥔 열쇠는 출입구를 봉쇄할지 모른다. 그대가 문을 여는 순간
 아파트는 재개발되거나 사라지거나 둘 중 하나로만 기록될 것이다.
 존재를 구획하는 도면을 끌고 다니는 항해여.
 그대는 붕괴 지점을 무사히 통과하지만
 지도의 효용은 발견과 기록이 아니라 어두운 외계 속으로
 끝없이 연루되는 일.

 슬리퍼도 없이 비닐우산도 없이 허공의 거푸집을 찾아 밤마다 빗속을 뛰어다닌다지. 오래전의 아파트. 찢어지면서 살이 찌는 레이니하우스.

천국의 i들

1967교시 어류도감

 아이들은 유리창에 매달려 재잘거렸다. 창밖의 구름 서넛을 눈으로 핥았다. 책상은 어류도감을 펼쳐놓고 외판원처럼 호들갑스러웠다. 아이들을 딸각 소리가 날 때까지 책 속에 밀어 넣으려는 집착이 강했다. 인공수초처럼 절룩거리며 책상 앞으로 돌아온 아이들은 눈에 낀 성에를 긁었다. 가계를 열람하는 대신 어류도감을 찢어 비행기를 접으며 겨울을 보냈다.

1979교시 매스게임

 칠판을 지운 아이들은 복도에 모여 지우개를 털었다. 날아가는 글자들의 망령들에게 오줌 세례로 축복하며 의기투합 어깨를 쌓았다. 지붕을 뚫을 때까지 꿈속에서도 무동놀이를 했다. 누군가 코피를 흘리거나 어깨뼈가 탈골될 때면 교실은 텅 비었고 양호실은 터질 듯했다. 아이들은 침대에서도 뛰었고 커튼 뒤에도 숨었다. 우는 아이가 늘 술래가 되었다.

1987교시 환경미화

매뉴얼 없이도 아이들의 신체는 연장처럼 길이 들었다. 환경미화에 통달한 아이들은 청소 실력이 적성을 능가했다. 책상만큼이나 표정을 배치하는 일에도 민첩해졌다. 동쪽으로 향한 아이의 표정은 눅눅한 그림자를 삼키는 법을 알았고 꿈속에 끼워둔 아이의 표정은 오후의 얼굴들을 점지했다. 소리가 무서운 아이들은 코르크 마개를 열지 않고 웃었다. 그들의 표정에선 아무 냄새도 나지 않았다.

1999교시 동시상영

학급게시판 옆에 달력을 새로 걸던 아이들은 벽에 기대서도 잘만 잤다. 침으로 얼룩진 벽들은 고무찰흙 같았다. 발육이 빠른 아이들은 손이 접착제라는 걸 눈치 챘다. 허리에 허리를 이어붙이고 열차를 만들어 벽 속으로 들어갔다. 남은 아이들의 미술 시간은 여기저기 찢어진 벽을 땜질할 색종이를 고르는 일이 대부분이었다. 마술 시간 같았다. 색종이를 붙이던 아이들이 사라졌고 벽과 색종이의 구분이 모호해졌으며 색종이가 남아도는 아이들은 떠난 아이들이 잠에서 깨어날 때까지 벽을 자꾸 만들곤 하였다.

2008교시 물병자리

 면도도 잊은 채 어슬렁대던 뚱뚱한 아이들은 딱딱하게 몸이 굳었다. 아래 교실에서 스멀거리던 아이들이 바닥을 뚫고 올라왔다. 온몸에 수염이 넘치는 뚱뚱한 아이들은 귀를 막고 창밖을 회상했다. 북적거리던 아이들이 유리창에 매달렸다. 녹색 하늘이 출렁거렸고 뚱뚱한 아이들의 수염이 천천히 운동장을 덮고 있었다. 1979교시의 아이들이 운동장으로 벌초를 나갔다. 1987교시의 아이들은 표정이 잘 보이도록 뚱뚱한 책상들을 면도했고 1967교시의 아이들은 창문으로 하늘을 기울여 바람을 갈아주었다.

해변의 수족관

끝도 없이 바다를 배웅하며
커튼처럼 휘날리는 물결을 젖히며
물고기의 둥지.

오빠들은 클럽에서 발바닥이 닳고
언니들은 스쿠터에 허벅지가 닳고

이쁘기도 해라. 찻잔을 나누는 사람들이 보는 건
지느러미가 아니라 수족관.
물고기의 둥지.

언니들은 아침마다 렌즈를 바꾸고
오빠들은 저녁마다 신발을 바꾸고

외롭겠구나. 대화를 나누는 사람들이 보는 건
아가미가 아니라 수족관.
물고기의 둥지.

오빠들은 클럽을 돌며 배멀미를 한다.
언니들은 스쿠터 타고 바다를 뒤진다.
수족관에 혼자 남아
투명한 창틀에 턱을 괴고 두리번두리번.

사람들은 인사를 나눈다.
채비가 덜 된 사람들은 궁둥이를 떼었다 붙였다
바다의 대합실.

물로 가득 찬 수족관,
얼굴에 살짝 손만 닿아도 주르륵주르륵.
눈 속의 까만 물고기를 마주 보며

돌려주겠니? 내 꺼라고 우긴다.
물고기의 불안.
물고기의 둥지.

두 개의 항아리

길고 긴 여름의 해변을 소모했다.
집중의 방식으로.

사람들 눈에 닳고 닳은
반질거리는 햇빛을 섭취하며 푸르고 빛나는
모든 것 속에서 앙상한 채로 강렬해졌다.

반짝이는 눈들이 궁금증을 내비쳤다.
잡은 물고기를 왜 보여주지 않는 거니.

물고기를 잡았다 놓아주는 일과를 어떻게 설명할까.
물고기를 잡지 못했거든요.

**(나의 거짓은 변명보다 깔끔해서
하마터면 내가 속을 뻔했다.)**

신상품 패션쇼에 초대된 고양이처럼
우아한 드레스를 휘감고서 사람들은

겨울이라는 장르를 새로운 사조처럼 논했다.

지난여름을 호명했던 눈으로.
지난여름을 묘사했던 손으로.
그리고 지난여름을 살해했던 입으로.

모든 구분이 모호했으나
뜨거운 날들과 차가운 날들이 분류되었다.

해변과 물고기들이 두 개의 항아리에 나뉘었으며
너무 어려서 손이 닿지 않는 선반 아래에서
난 주문을 외곤 했다.
짧은 오른팔이여. 외로운 왼팔을 훔쳐라.

길어진 팔만큼 항아리의 이름표를 바꾸고
여름과 겨울을 섞고 싶지만
두 개뿐인 항아리는 차례에 익숙했다.

허공을 휘젓다 항아리를 깨뜨려도
두 개의 뚜껑은 동시에 열리지 않았다.

얇고 요란한 입들이 올겨울을 전망했다.
항아리를 물어뜯는 물고기들이 풍성한 겨울 식탁을 망치겠어.

지난겨울을 호명했던 표정으로.
지난겨울을 묘사했던 제스처로.
그리고 지난겨울을 살해했던 기억으로.

뾰족한 손가락들이 내 배를 의심했다.
그런데 넌 왜 항상 배가 부른 거니.

몸속에 집어넣은 항아리들을 어떻게 설명할까.
당신들의 선반엔 왜 항아리 수가 늘지 않는 거죠?

(나의 물음은 고백보다 진지해서

하마터면 내가 울 뻔했다.)

사람들 손에 닳고 닳은
반질거리는 항아리를 여닫으며 푸르고 빛나는
모든 시간 속에서 어두운 채로 선명해졌다.

그리고 난 겨울의 물고기들을 집중했다.
소모의 방식으로.

피아노

 그해 경원동 2가에서 3가로 이사를 갔었지 아마. 학년이 바뀔 적마다 학교가 바뀌었으므로 나는 자주 길을 잃었어. 하교길 파란 대문 앞 흙장난을 하던 낯선 친구들은 오싹한 괴담을 두 귀에 은밀하게 새겨주고 흩어졌지. 종족의 문신처럼 금이 간 귀를 감싸고 걸으면 손바닥을 쩍쩍 가르고 나온 귀신들이 귓불에 붙어 달랑달랑 해를 삼키며 집까지 따라왔던 아홉 살. 듣고 있니. 바이엘을 끼고 골목 모퉁이를 벗어나면 버들가지처럼 뱀들이 축축 늘어진 뱀가게 한 그루가 자라고 있었지. 뱀가게를 피해 다른 길을 맴돌기 시작할 무렵 우린 또 이사를 갔어. 친구들은 여전히 파란 대문 앞에 모여 고무줄을 뛰고 외떨어진 술래처럼 진북동까지 잡아늘이던 고무줄이 툭 끊어지면서 나는 주산학원엘 다녔지. 셈이 맞지 않는 수판알처럼 지루하던 열 살. 듣고 있니. 방과 후 텅 빈 운동장을 맴도는 내내 머릿속의 검은 쥐는 나를 미행했어. 엄마가 집어넣은 스파이. 긴 꼬리를 따돌리며 하반신이 박힌 타이어에 걸터앉았어. 노란 수판 가방을 다리

위에 올려놓고 면도칼로 박박. 찢겨지는 전화번호 아래 깔려 있던 허벅지가 함께 긁혀 스티로폼처럼 풀풀. 비명 소리를 어디쯤에서 울려야 하는지 몰랐거든. 나를 무릎에 앉힌 원장의 검은 손가락들이 아직 튜닝도 안 된 하얀 허벅지 사이를 마구 헝클던 때처럼. 그 시간 엄마는 과일가게에 들러 수박이나 통통 두드려댔겠지. 듣고 있니, 엄마. 배가 아파요. 허벅지를 파고드는 거머리들이 몸속에서 스멀거려요. 아침에 입힐 하얀 원피스를 꺼내놓고 새벽기도를 나서던 엄마는 이리 오렴, 아가야. 배를 쓸어줄게. 엄마의 약손은 거머리들에겐 자장가일 뿐. 아랑곳없이 엄마는 찬송가를 펼쳐 나의 네모난 다리 두 개를 가지런히 뉘고 토닥토닥 두드리다가 허벅지를 보고는 손을 멈추더니 이게 뭐니. 칼장난하면 못쓴다, 쾅! 검은 껍데기를 덮었어. 엄마의 건반은 왜 흰색이 아니면 검은색일까요. 온음과 반음 사이 밑도 끝도 없는 시궁창에 빠져서 나는 입이 무거울수록 더러운 아이가 되고, 듣고 있니. 허벅지의 칼자국을 설명하고 싶지만 아직 못 배운 말이 너무 많은 나는 엄마를 잃으면서 말이 늘었지. 해변을 물들이는 저물녘 바다의 멘스처럼. 검은 상판 뒤에 늘어선 수백 개 현들의 맥놀이. 구멍 난 스타킹 속 피아노의 맨살은 바람을 불러들여 툭툭 지껄여댔지. 하지만, **당신이 듣는 이 소리는 내 말소리가 아니다. 내 마음의 소리다. 나는 여섯 살 이후로 말을 해본 적이 없다.** 나는 여섯 살 때 누군가에게 혀를 빼앗겼지. 그 얘긴 다음으로 미루자. 나를 불러내려면 계단의 초인종 말고 입속의 페달을 누르며 말없이 속삭여봐요. 나의 신부 마리오네트. 오늘은 여기까지. 다음 시간엔 와이어 액션을 배우겠어요.

* 이탤릭체는 Jane Campion의 영화 「피아노」에서.

제2악장

거식증

 골격만으로 표정을 짓는 사람을 만나면 연애를 할 테야. 아이스크림처럼 살 살 녹는 너의 살. 살을 모두 발라내고 연애를 할 테야. 날마다의 저녁은 성찬. 은촛대와 접시를 나르는 하얀 머릿수건과 에이프런을 두른 여자들. 그녀들은 달빛 엉덩이를 흔드네. 나풀거리며 우리는 끝도 없이 긴 사각 식탁에 모여 핏물이 덜 빠진 양고기를 씹네. 허기와 요리의 접경인 허리에서 살과 살은 섞이네. 불어나는 허리 아래 뒤축 닳은 구름. 당신의 부피가 죽이는 것들. 당신은 너무 별처럼 헤퍼. 당신이 모은 눈물은 밤마다 화려해서 식도를 토해내는 소화불량. 부드러운 뼈대를 혁대처럼 날려봐. 섬세한 그림자의 각도. 관절마다 따뜻한 어둠의 유배. 골격만으로 울음을 우는 사람을 만나면 연애를 할 테야. 뼈 끝에서 비눗방울처럼 톡톡 부서지는 눈물. 뼈와 뼈가 다리를 포개고 뼈와 뼈가 잔을 들고 창을 바라보네. 온몸의 창살은 육질의 우리를 안으로 밀어 넣고 내장 같은 아침을 게우네.

개랑 프라이

당신이 툭, 깨뜨리기 전에
난 이미 깨질 만큼 깨졌다.

껍데기 안에 멍든 살이 고여 있지만
난 감각이 빠르다.

당신이 나를 지목하기 전에
내가 이미 당신의 손가락을 타고 흘러내렸다.
번들번들 때에 찌든 미끄럼틀.

당신이 이리저리 퍼뜨리기 전에
난 이미 퍼질 만큼 퍼졌다.

껍데기를 빼앗기고 바닥에 감염되었지만
난 용서가 빠르다.

허기진 새벽 프라이팬을 꺼내놓고 부산을 떨더니
기념품 가게를 지나 드라마 촬영장을 기웃, 새로

산 접시에 눈물을 촛농처럼 쏟고
계절의 네거리에 겨우 당도하지만
아래로 굳은 손가락,
너는 포크로 진화하지 못한 시간의 갈팡질팡.

휴지통에 버려진 상반신과 하반신을 용접하고
난 변신이 빠르다.

진짜 내 몸은 껍. 데. 기. 털갈이를 하듯
비워낸 내장을 새로 끼우기 위해

당신이 잘근잘근 씹기 전에
난 이미 씹을 만큼 씹었다.
땡볕에 익은 반숙의 살덩이를
개랑 사이좋게 나누어 먹는 두 개의 혀.

당신이 지글지글 지지기 전에
내가 먼저 지질 만큼 지졌다. 짖을 만큼 짖었다.

애인은 고기를 사고

　애인은 고기를 사고 나는 나풀나풀 스웨터를 벗는다 애인은 고기를 사고 상추를 사고 깻잎을 사고 나는 원피스를 벗고 코르셋을 벗고 피어오르는 솜털들을 벗고 애인은 고기를 사고 나는 닦고 있던 거울에 매달려 낮잠을 잔다 애인은 고기를 사고 나는 검은 페인트로 정원수를 칠하고 애인은 고기를 사고 나는 심이 까만 연필을 밤새 깎는다 애인은 고기를 사고 나는 흑연 가루에 목이 메어 눈에서 구름을 뚝뚝 흘린다 애인은 고기를 사고 나는 배꼽을 어루만지고 애인은 고기를 사고 나는 붉은 신호등을 어깨에 매달고 달려간다 애인은 고기를 사고 나는 산부인과에 다녀오고 애인은 고기를 사고 나는 손목의 피를 풀어 욕조에 잠긴다 애인은 고기를 사고 나는 구급차에 실려 가고 애인은 고기를 사고 나는 의사를 사랑하고 애인은 고기를 사고 나는 자궁을 꿰매고 애인은 월요일 수요일 금요일 고기를 사고 나는 화요일 목요일 토요일 구두를 닦고 애인은 스무 해째 고기를 사고 나는 애인이 있는 정육점을 지나 스무 해째 엘리베이터를

타고 훨훨훨 공중으로 하관되고 애인은 정육점에 배달된 나의 엘리베이터를 끄르고

문제작

1

허공에 커다란 손 하나가 걸려 있다.

팔이 연결돼 있지 않으므로 무엇이 그것을 지탱해주는지 보이지 않는다.

다만, 꿈틀, 핏발을 모두 한끝으로 모은 검지손가락이 끊임없이 흔들리고 있다.

2

나는 1을 만든 사람이다. 설치한 사람이다. 배달하는 사람이다.

그리고 실험맨이다. 그 아래를 수백 번 왔다 갔다 하며 손가락 끝에서

산책의 기능을 보고하는 사람이다.

나는 나의 이름을 에이치로 할까 엠으로 할까 하다가 나로 부르기로 마음먹는다.

'나'는 누구나 가질 수 있는 동등한 닉네임이다.

3

복잡하거나 어려운 건 없습니다. **손가락은 지시가 아니라 암시입니다.**

4

나는 가끔 엽총 한 자루를 어루만지지만 그건 당신과 나 사이의 거리를 조준하는 데 쓰인다.

가령, 어젯밤엔 허공의 손가락만 뚫어지게 살피다 아무것도 없군, 돌아서는 당신의 그림자 하나를 사살했다.

당신은 한층 가벼워져야 하리.

5

―이 손가락은 문제가 많아요. 나의 간편한 혀로 비난하거나 공격할 수 있어요. 군중의 물결 위를 누비는 부드러운 서핑 보드처럼요.

―무엇이 문젠가요?

―허공에서 내려올 줄을 몰라요. 가리키는 것이 눈에 띄지 않고 뜯어볼 수가 없어요. 결정적으로 용도가 없어요.

―최소한 날림치는 아니니까요. 바람 불면 손가락 방향이 흔들리도록 제작된 거예요. 용도는 무수한 통로 안에 있으므로 하나의 열쇠로 집약되지 않아요. 빛과 합창으로 세공된 당신의 취향은 어눌한 나의 혀보다 짧군요.

6

자, 손가락 끝을 보지 말고 그걸 둘러싼 허공을 보세요. 허공에서 보자면 벽과 문이 하나의 금에 불과하죠. 호기심 많은 당신은 풍문을 타고 여기 왔겠지만 당혹감을 트집으로 바꿀 순 없지요. 무턱대고 먹어치운 입가의 여운을 설명하지 못해 지배인을 불러 이 빠진 접시를 타박하는 사람 같군요. 흔들리는 손가락을 측정하려고 헐떡거리는 당신의 비닐 같은 혓바닥이야말로 날림치. 두 눈은 여기 있지만 아직 요람에 싸인 당신은 천장의 모빌 따라 고개를 저으며 빙글빙글 끄덕끄덕. 당신이 움켜쥔 제작의뢰서를 취급하는 상점을 알려줄까요. 많은 사람들이 손가락 아래 수만 갈래 길을 내며 떠나갔지만 그들이 어디로 갔는지 나는 추적하거나 관여하지 않아요. 설익은 바람의 요리를 먹을 때의 표정에만 관심이 있죠. 그들이 아주 맛있게 먹을 때의 표정을 나는 알아요. **사람들의 표정과 목소리는 다양할수록 진짜인 법이죠.**

7

전진도 후퇴도 없이, 어둠 속에 거머리처럼 웅크린 발가락들의 지루함이여 우울함이여.
긴긴 백주 대낮의 무용담으로 입이 닳는
립싱크를 우뚝 멈춘다면 당신은 백지처럼 남아돌까.
당신은 文을 제작하는 사람.
나는 門을 제작하는 사람.
문 제작이라는 간판을 걸고 이 거리와 다정해진 사람.
영업장이나 광고문에 사활을 걸지 않는다.
나는 1의 문에 붙일 적당한 이름을 고르는 중이다. 허공의 문. 충분치 않다. 그냥 문이라 부르기로 마음먹는다.
'문'은 어디서나 가질 수 있는 동등한 닉네임이다.

8

아, 당신이 부탁하는 사용설명서에 대해서라면,
당신은 이미 사용 중이시다. 규칙 같은 건 애당초 제작 과정까지만 개입한다.
우리의 소통은 일치하지 않는 데서 사용되며, 당신은 이미 문을 통한 산책을 시작했다.
그럼에도 불구하고,

9

문이 보이지 않는다고요? 손잡이를 만들어달라고요? 손가락 사이 행간을 더듬거리는
고집쟁이 당신. 옆동네에 편리한 손잡이만 만드는 제작공이 있지요.
소개서를 써줄 테니, 다음에 올 땐 구두약을 입술에 바르는 장난일랑 하지 말아요.

6월 성탄제

우리는 트레이닝 커플룩을 입고
빙판길에서 화향 들끓는 봄까지
라마즈 분만법을 익혔네

양지 찾아 산파들은 드라이브를 떠나고
너덜너덜 찢어진 부리로 돌아와 천장을 흔드는
참새들의 딸꾹질

폐를 태운 말들이 응고된
검은 재떨이를 지붕 위에 올려놓고
식탁엔 녹색 잔디를 깔아 강보처럼 너를 싸 안는
아껴둔 축제

혼자만의 감동은 식상해 먼지 속에 묻어둔
철 지난 트리 장식을 꺼내
하얀 스프레이 래커를 뿌려놓고
화이트 크리스마스라고 우기는 동안

무성한 손톱이 돋친 팔들
허공에 아버지를 짜깁기하며
갈래갈래 팔이 늘어난 너는 줄장미처럼
내 목을 휘감고 웃으며 랄랄라
머리에 씌워주는 가시면류관

거울 앞에서 가시면류관을 고쳐 쓰고
나는 너를 재우고
노래 부르러 클럽엘 가지
손에 쥐어준 몽타주를 사뿐히 즈려밟고
나는 너를 재우고
왈츠를 추러 광장엘 가지

혼자만의 허밍은 무료해 화장도 지우지 않고
비누 거품에 적신 입술로
잠든 너의 이마에 입을 맞추며
화이트 크리스마스라고 되뇌는 동안

앙상한 줄기처럼 꼬이는 스텝
광장에서 깨진 무릎, 양귀비 열매를 움켜쥐듯
피를 고이 받으며

꽃망울만 한 땀띠가 돋는 구유 속의 너를 위해
목욕물을 데우며 오늘도 랄랄라
메리 크리스마스 화이트 크리스마스

묘지 위의 산책

 복사꽃처럼 발그레 흉터가 피는데 뜬금없이 약상자는 왜요. 붕대를 풀어 친절한 표정을 꺼내더니 불쑥. 꽃삽을 휘두르는 손목일랑 성냥개비처럼 똑 똑.

 고무손을 만들어줄게. 주먹질도 노동이라고
 다크서클이 가득하구나. 쿨하게 자란 어른답게 담배를 나누듯
 마술봉을 쥐어줄게. 부메랑처럼 흐르는
 백비둘기 떼.

 깔끔하게 커팅 가위를 들키며 혈관을 찌른 건 아니잖니! 웃음을 까르르 날려봐요. 윙컷을 한 날개나 비둘기를 감췄던 모자의 내부 따위는 당신 입가의 사마귀보다 관심 밖인걸. 쇠양파 같은 살가죽을 뚫고 빨랫줄처럼 핏줄을 널어 말릴게.

 입을 단정히 꿰매고 손뼉을 쳐줄게. 마리오네트처럼 팔이 빠지도록

나는 쓸모없는 이빨을 낭비합니다.
정액을 누던 손가락을 추켜올려
이빨을 긁어내며 하품하는 개미들처럼 날아갈 듯합니다.

당신은 소나기처럼 질투한다. 왼발 다음엔 오른발. 질퍽거리는 풀밭에 엎드려 각이 진 군복 같은 표정으로 눈치를 보며 포복한다. 진흙병정들의 항문을 더듬으며

전투화에 몸을 말아넣고 빼끔빼끔 어둠을 숨쉬는 저녁
굴뚝 속의 몰골에 대고 가슴을 치지만, 우발적인 난도질보다 더 치명적인 후회는 내 수염다발을 훔쳐 배꼽에 심어놓고

안절부절 과거에 손대는 버릇.
금관을 쓴 백조들이 우리의 묘지 위를 날아갈 때

쐐기풀이 당신 몸을 덮고 있는데 뜨개질은 왜 멈추었니. 침묵은 왜 그만두었니.

피를 깨끗이 담아서 밤새 만든 술잔을 선물해줄게.
우린 잠시 하나가 될 거야. 레드와인처럼 붉은 자궁을 치켜들고
토할 때까지 전쟁과 구름의 러브샷.

가위놀이

　모자를 벗다가 핑킹가위로 앞머리를 자릅니다 책을 읽다가도 거울 앞으로 달려갑니다 두 눈을 할퀴는 앞머리를 자릅니다 잠을 자면서도 꿈을 할퀴는 앞머리를 자릅니다 휴지통에 싹둑 화단에 싹둑 일요일엔 거울을 삽니다 협탁 위에 변기 위에 거울을 매답니다 서랍 속에 거울 속에도 거울을 매답니다 망치가 망가지면 다리를 잘라 종횡무진 두들깁니다 쿵쿵 쾅쾅 옆집에서 달려옵니다 이봐요 똑똑 건물을 무너뜨릴 작정인가요 유리거울 청동거울 손거울 백미러를 모조리 가져갑니다 꿈속의 잠망경까지 빼앗긴 나는 깜깜하게 가위에 눌립니다 벽에 남겨진 흉측한 못들을 호시탐탐 빼냅니다 모자를 쓰다가 생각난 듯 못을 빼냅니다 책을 꽂다가도 벽에 매달려 못을 빼냅니다 잠옷을 입다가도 물구나무서서 지하의 못들을 빼냅니다 앞머리가 다시 이마를 지우고 두 눈을 후빕니다 붉은 혈루가 창턱을 타고 골목을 적십니다 달빛 아래 폴카를 추던 사람들이 달려옵니다 그대여 싹둑 눈을 감아요 싹둑 눈을 떠요 싹둑 나풀나풀 찢어진 눈을 깜박

거리며 나는 화단에 발을 묻고 전지가위로 앞머리를 자릅니다 아침을 꾸역꾸역 입에 넣다가도 딱딱하게 굳은 배꼽을 만지다가도 우두커니 양철가위로 앞머리를 자릅니다 꿈꾸는 밤마다 가위에 눌리지 않으려고 불철주야 이마를 가위에 눌리며 싹둑싹둑 거울 없이 거울도 없이 나풀나풀 앞머리 없이 앞머리도 없이

계단놀이

해변의 계단

두 개의 계단 사이에 웅크리고 누워

노란 표피가 쩍쩍 갈라지기를

닭을 품은 병아리처럼!

아스라한 두 개의 계단 끝에는 다리를 찢어지게 벌린 달이 망원경에 눈알을 쏟아붓고 있었네

한 사람은 물의 계단을 핥고 한 사람은 납작 엎드려 흙의 계단을 발파하는 중이었네

달이 데굴데굴 굴러떨어져 바다가 미끄덩거리자

해변을 떠돌던 두 개의 입술이 허겁지겁 겹치고

침 한 방울까지 탈수된

그들은 공중부양 온몸을 경련하지만

계단 끝에 떠오른 붉은 볏은 그들의 것이 아니라

해변을 떠도는 행성의 입술

상기된 바다는 천천히 온몸의 혀를 내밀었고

그들은 얼굴을 잃었네

해일이 지나가자 젖은 티슈처럼,

공중 계단

계단 끝에 오른다
(길이나 문은 없다)
아코디언처럼 접힌 몸을 펼치며
누렇게 흘러내리는 분비물을 따라 왔다
악취를 피해 몸을 비틀며 더 높이 뜨는 별들과
악취에 빠져 허풍을 떨며 더 더 가라앉는 태양
사이에서 기우뚱, 계단을 좌우로 살필 차례다
간지럼을 태우면 토마토처럼 자지러지는
물렁한 부위가 있을 것이다
손을 길게 늘려서 혀를 길게 뽑아서
색이 바랜 지점에 경배하듯 엎드린다
손을 둥글게 굽혀서 혀를 둥글게 말아서
틈새에 밀어넣고 귀를 세운다
(허공은 자지러지기에 좋은 반죽이다)
손끝과 혀끝에서 밥알처럼 웃음은 터지고
계단은 견고해질 뿐
건드릴수록 홀씨를 퍼뜨리는 말처럼

웃음을 흘리지 않으려고 몸을 오므리는 모서리와
웃음을 질질 싸며 왁스칠하듯 미끌거리는 바닥
사이에서 기우뚱, 계단은 시냅스를 뻗는다
웃음은 웃음을 표절하고
손가락은 손가락을 복제하고
바람의 방향은 매 순간 업데이트된다
이제 절정의 끝에 오른다
(다시 말하지만, 길이나 문은 없다)
집착은 견고해질 뿐
계단의 손사래를 외면한다
계단의 몸부림을 오해한다
너덜거리는 웃음의 랩을 뚫고 비명이 쏟아질 때까지
층층이 배가 부른 활줄이 되어
계단은 그 순간 근육의 화살을 모두 놓았다
고물거리는 계단들이 벌게진 손가락을 밟고 벌 떼
처럼
깔깔거리며 다음 층으로 뛰어올랐다
(덧붙이자면, 첫번째 옥타브는 사라진다)

카니발

 오늘은 일요일. 소풍 가기 좋은 날. 김밥 대신 재잘재잘 잡담을 싸들고 포도밭을 지나 공원묘지를 지나 사냥터로 떠나요. 눈시울 붉히는 수평선은 보기 싫어요. 손목에서 째깍거리는 안전핀 따위 뽑아버리고 얼굴을 퐁당퐁당 던지며 가요. 우리들 머리 위로 솟아오르는 검은 선글라스. 유리알에 반사된 사람들의 눈빛이 옆사람을 겨누어요. 앉아 있는 건 불안해. 의자들이 불끈. 넝쿨처럼 뻗어내리는 맥주 거품. 군데군데 불이 번지는 석유빛 머리칼이 선글라스의 어깨를 타고 바닥으로 흘러요. 무대를 날려버릴 듯 부풀어오른 색소폰. 사람들은 빈 입에 오렌지를 장전해요. 어깻죽지에선 덜 익은 날개가 닭처럼 튀어 접시에 올라요. 무대 조명이 꽃밭처럼 터지면 빨갛게 혀를 피운 목들이 잡담처럼 두서없이 테이블 위에 도열해요. 천천히 객석을 조준하는 검은 선글라스. 가늘고 흰 손가락이 짚어나가는 부위마다 공기의 혈관이 움찔거려요. 환풍기는 롤러코스터처럼 돌아가고 끊이지 않는 잡음 사이로 십이월을 지나 십구세기를 지나 우주비행장으로 떠나는 신나는 소풍. 황금색 로켓을 입에 무는 검은 태양 검은 일요일. 사람들 사이사이 유리벽을 향해 발사되는 레퀴엠. 보세요! 당신과 나 사이에 이제 막 분출되는 혓바닥도 공중으로 타들어가요. 운이 좋으면 다음엔 기타를 타고 기마사냥을 떠날 거예요. 마법을 익힌다면 8요일에는 호그와트 급행열차도 탈 거예요. 벗어두고 간 알몸에서 곰팡이가 슬어도 구더기 같은 눈으로 놀라지 말아요. 죽여주는 라이브, 죽음의 라이브.

* Hogwarts: 『해리 포터』 시리즈에 등장하는 마법 학교.

가면놀이

정거장도 없는 기찻길처럼 팔이 자라요
어디 갔니 얘야, 엄마는 백 년 전부터 찾고 있지만
소용없어요 다람쥐통에도 끼일 만큼
나는 너무 자라버렸고 지상에서 노는 게 시시해
공중에서 놀고 어둠 속에서도 놀지요
롤러코스터를 타고 호수 위를 빙글빙글 건너는 레일 끝
튤립 꽃밭엔 의붓아이들이 와글와글 피고 있어요
보여줄까요? 유령의 집으로 몰래 숨어들어
귀신처럼 멈춰 서 있는 나의 특기
사람들을 놀래키는 재주가 있지요
그들이 무심코 스쳐지나는 관 속에
아흔아홉 개나 되는 가면을 나는 가지고 있어요
흉내 내는 꼬마들을 나무라지 마세요
나는 이곳에 잠시 머물 뿐
겁주거나 괴이한 분장을 즐기는 그런 사람은 아니에요
나도 한때는 비누 같은 엄마 손을 놓치고

어둠 속의 악마들 틈에서 발을 못 뗀 적 있지요
유아를 보호하라는 수칙을 어기고 어른들은 벽에 붙어
눈을 너무 가늘게 떠요
하늘도 자전거도 아닌 하늘자전거를 끄는
공중운행이 유랑도 탈주도 아니라는 걸 알아차린 후
시시한 손잡이를 버리고 두 발을 묶는 긴 고무줄처럼요
저길 보아요, 회전목마가 지겨운 사람들은 딱딱한 말을 버리고
외마디 비명을 챙겨 번지점프대로 오르지요
날개를 일찍 포기한 그들이 날고 싶어 하는 건
추락하는 순간에도 믿음을 주는 공포 때문이에요
그들의 왕복은 믿음 밖으로는 한 발짝도 못 움직이죠
안전벨트가 없으면 불안한 상상의 지지대
가면을 수십 개 바꿔 쓰는 나는 그들의 상상 속에 이미 없어요

나는 너무 끝없이 자라고

해가 지고 있다고 손목시계를 들여다보며 당신이 보채는 사이에도

몇 개의 가면이 내 얼굴을 스쳐갔는지 몰라요

입을 맞춰도 소용없어요

가면을 버리고 당신은 너무 빨리 늙어버렸는걸요

벽돌처럼 굳어버린 얼굴엔 악몽조차 기웃거리지 않는걸요

물론 이건 사라지는 고백

지금 내가 쓰고 있는 가면이 하는 말이지요

어둠 속에서 가면을 고르는 동안 내 무릎에 손을 얹는 사람마다

손등을 문질러보며 나는 묻곤 하죠

당신이 내 엄마인가요?

관객놀이

 꼬리를 물고 *관객들* 우우 자리를 꿰차고 *관객들* 수류탄 눈알을 팡팡 터뜨리며 *관객들* 와자지껄 함성을 지르며 *관객들* 나팔수가 입을 벌리자 일동차렷 *관객들* 꼬리를 내리고 *관객들* 군장을 풀어놓고 *관객들* 손가락을 정면에 겨누고 *관객들* 기립박수를 장전하며 *관객들*

 꼬리가 밟혀 열외로 밀린 관객과 꼬리를 빼다 바다로 호송되는 관객과 꼬리가 잘려 앰뷸런스에 실려 가는 관객을 배경으로 *관객들* 어깨 위에 철모 위에 지붕 위에 구름 위에 무동을 태우고 *관객들* 얼기설기 긴 팔로 *관객들* 강강술래 목이 쉬어 *관객들* 빙글빙글 섬이 되어 *관객들* 만삭의 허기로 *관객들*

 행인이 철망을 흔들고 지나간다 철망에서 재빨리 얼굴을 떼어 그를 따라 물결치는 *관객들* 사육사가 먹이통을 들고 다가온다 일제히 목을 꺾으며 *관객들* 나무에서 떨어지며 *관객들* 꼬리를 흔들며 *관객들* 흙먼지로 철망을 지우며 *관객들* 꼬리가 끌리는 자국마다

바람이 흙을 펴 바른다 무섭게 달려가는 관객들 얼굴을 지우고 관객들

테이블

당신이 오른쪽 소매를 나부낄 때
나는 왼쪽 소매를 나부낀다.
선풍기는 공평하게 절반을 흔들고
나머지 절반은 고요 속에.
테이블은 하나. 그 위엔 마주 보는 네 개의 팔.

 오래 기다렸나요? 예의 바른 손님처럼 당신은 침착하군요. 얼굴을 갈지 않으면 표정을 바꿀 수 없지요. 육감적인 포크가 필요하다면 뼈라도 깎았을 거예요. 비명이 들렸나요? 손수건은 넣어두세요. 울음소리는 아니었으니까요. 장판처럼 뜯어낸 살가죽은 나를 마주 보는 풍경화가 되었고 허둥지둥 입부터 째더니 바위처럼 웅크린 정원사를 깨웠더랬죠. 팔을 너무 휘두른 그는 이제 외팔이. 어깨에 꽂은 지팡이로 닥치는 대로 난도질했어요. 빨갛게 젖은 잇몸만 달싹거리는 의성어들은 사이좋게 서로의 얼굴을 파괴했지요. 마지막 존재감에 대한 에티켓처럼.

 울고 있나요? 뽑혀진 플러그처럼 두리번거리지 말

아요. 연속극의 예고편처럼 글썽이는 눈을 클로즈업할 필요 없어요. 우린 언제나 첫 장면에서 만난 사람들. 지나간 필름은 거리의 행인처럼 테이블 위의 파리처럼 잠시 귀찮을 뿐. 식탁의 미관을 해치는 게 아니라면 찢어진 오른쪽 눈은 체념보다는 신념에 기여하죠. 우린 음식을 더 소중하게 다룰 수 있어요. 칼을 숨기고 그를 찾아갈 생각일랑 그만둬요. 사랑이라고 둘러대는 건 재미없어요.

당신의 절반이 창가에서 떨 듯이 나의 절반은 어둠 속에서 떨지요. 우린 완벽해요 절반으로서. 떨리는 테이블을 프레임으로. 고백과 대화가 그런 것처럼 2인칭을 단념할 필요 없어요. 바닥에서 목젖까지 차오르는 공기의 파동에 몸을 맡기며 두 발을 앞으로. 허리를 한껏 뒤로 젖혀서도 두 팔을 앞으로. 나뭇가지들이 함께 드는 바람의 진혼곡처럼.

아, 후추는 됐어요 그만. 당신은 길에 버려진 인형처럼 말이 없군요. 맘에 들어요. 우리의 입과 칼날은 식사를 위해 쓰여지는 게 마땅해요. 우리의 미각은 냅킨 아래 허벅지처럼 존중되어야 해요. 텅 빈 테이블 위의 사람들은 나이프를 다룰 줄 몰라요. 잠깐의 흥분과 약간의 참을성. 빈 무릎 위에서 주먹을 떨다가 테이블을 박살 내고 손등의 피를 벽에 문대는 사람들. 선풍기를 틀어 파편을 서로의 얼굴에 박아대면서 운명이라고 잡아떼는 건 재미없죠.

당신이 오른쪽 다리를 떨 때
나는 왼쪽 다리를 떤다.
조명은 공평하게 절반을 비추고
나머지 절반은 어둠 속에.
테이블은 하나. 그 아래 마주 보는 네 개의 발.

악수놀이

달빛 아래 비스킷처럼 구워서 손을 내민다. **우리는 날마다 인사하는 사람**. 네 개의 발이 불안해 한쪽 발을 치켜들고 우린 악수를 하지. 당신 손은 달팽이처럼 젖어 있군. 손 씻는 게 버릇이거든. 비눗방울 윙크를 날리며 끄덕끄덕. 당신 손은 뜨거운 톱밥 같아. 밤새 키보드를 두드리며 편지를 썼는걸. 그래, 어둠이 더 밝은 시대에 잠은 죽음보다 못한 타이밍이지. 악수를 하며 손맛을 감별한다. 그런데 당신 손은 왜 이렇게 떨고 있니. 장갑이 필요한 사람은 천근만근 설레게 하지. 거울 속의 낯선 얼굴처럼. 가슴을 활활 벌리고 얼음 같은 볼을 문지르는 우린 거울을 치우면 동시에 사라지는 지구의 마지막 사람들. 장갑 속의 당신은 기억이나 하는가. 손금의 무늬. 채찍의 온도. 십이월엔 창턱에 나란히 앉아 까마득한 시간들을 내려다보네. 무딘 날들의 꿀과 포커페이스. 결정적으로 가엾음의 무게. 온몸에 장갑을 뒤집어쓰고 **석고붕대처럼 오래오래 두꺼워진 사람은 가족의 장례식처럼 울음과 웃음을 참는 두 배의 훈련이 필요하다**. 나는 양면의 표정을 섬세하게 접어 종이비행기를 만든다. 날린다. 눈앞에 툭 떨어진 종이비행기를 나란히 줍다가 재회한 당신. 당신도 나를 날리고 있었군요. 우리의 장례식은 의미가 없는 거군요. 종이비행기를 교환하고 백 일 동안 걸어 집으로 돌아와 벽을 보고 악수를 한다. 종양을 도려내듯 거울을 뚫고 악수를 한다. 꿈속에서도 전진하며 앞으로 나란히. 시곗바늘처럼 몸을 구부렸다 폈다 악수를 한다. 손 안에서 밧줄처럼 스르르 풀려나가는 시간의 질감. **우리는 날마다 작별하는 사람**. 악수의 가속도로 죽음마저 추월하는 앙큼한 이별. 아침엔 편지를 찢고 저녁엔 소리가 나지 않는 지구를 두드리며 무수한 손가락과 손가락 사이 첨벙첨벙 항해를 한다. 우리들은 베개에 코를 묻고 소리 없이 처형된다. 날마다의 손이 손톱깎이처럼 입을 벌리고 뱉어내는 종이비행기의 물결. 유령들의 끝없는 각질.

구름놀이

h는 사각 유리문을 밀고 들어간다. 도어벨 소리가 한복판으로 이끌었지만 티브이 화면 같은 애꾸눈 여자가 있는 테이블을 지나 악수하는 사람들을 스치며 창가로 간다. 햇살이 왼쪽 어깨 위에 케첩을 발랐다. h는 외투를 벗어 의자 등받이에 걸치고 자리를 잡았다. 뒤따라온 고양이가 그림자처럼 발밑에 쪼그려 앉는다.

검은 유니폼을 입은 여자가 메뉴판과 물컵을 들고 라운드걸처럼 리드미컬하게 다가온다. 천장에 매달린 펜던트 조명이 여자 등에 떨군 머스터드 얼룩을 핥는다. 구름이 어질러진 테이블을 대충 훔치고 여자는 메뉴판을 받아 든다. 심드렁히 사라지는 여자의 뒷모습을 컵 속의 물이 찰랑찰랑 삼킨다.

*

시계 소리가 아흔아홉 량 열차처럼 유리창을 뚫는 동안 땅벌들이 물고온 거리의 빛이 이스트처럼 왁자지껄 실내를 부풀린다. 먼지처럼 묻어온 구름들은 테이블 위에서 나뒹군다. 옷에 묻은 구름은 부패하고 있다. h는 구름의 모양과 색깔을 분류하고 덩어리 수를 세기 시작한다. 아무에게도 전화를 걸지 않는다. 창밖엔 셀로판 날개를 반짝거리는 사람들. 나뭇가지에 매달려 있다. 두 팔의 힘이 빠진 사람은 바람에 쏠려가고 있다.

검은 여자가 벽시계와 h를 노골적으로 번갈아 본다. h는 짓무른 엉덩이를 뜯어내며 테이블에 코를 박고 있다. 잘 마른 구름을 종이비행기처럼 접어 창밖으로 날린다. 불시착한 구름은 고압선에 감전되어 경련한다. 구름에 부딪힌 사람들은 물집처럼 터진다. 그들의 얼굴이 낯익었으나 아는 체하지 않는다.

*

메뉴판이 다가와 몇 차례 펀치를 날린다. 그로기가 된 h는 비틀비틀 일어난다. 의자에 맞게 부피가 준

외투를 툭툭 털어 몸에 씌운다. 잠이 든 고양이를 구두코에 얹고 사각 유리문을 밀고 거리로 들어간다. 어둠에 살점을 뜯기며 헤엄쳐 다니는 나무들. 그들은 뼈가 드러난 부위에 구름을 몰래 이식한다. 잎맥에 염료를 수혈하고 계절의 색감을 구분한다.

  h는 나뭇가지를 향해 기어오른다. 이파리들의 샴푸 냄새가 몸을 적신다. 어떤 체위로 올라타면 거울 밖으로 나갈 수 있을까. h는 갸웃거린다. 거리 양 옆 빽빽이 늘어선 벌집 모양의 창문들에 붙은 눈알들이 갸우뚱 지켜본다. 그들 중 몇은 세고 있던 구름을 서둘러 접는다. 그들의 얼굴이 낯익었으나 아는 체하지 않는다.

유재河

두 개의 몸이 닿는 동안 스타킹처럼
구불거리는 강의 이름을 벗고
우리는 일엽편주
물을 오려서 만든 입술처럼

그는 죽었고
그를 묻으려고 노래는 죽지 않았다

물의 손목을 긋던
나는 노래를 훔치려고 귀에 타고 있었다
고양이들의 항구

두꺼운 물을 뚫고
쇠줄을 박는 갈고리의 귓불
귓속에 물이 울울창창

노래를 훔치려고 불을 놓는 바람과 하얗게 타는
물결

나는 죽었고
나를 뿌리려고 노래는 머물지 않았다
비를 감아올리고

사라지는 구름,
하늘을 오려서 만든 입술처럼

배드민턴

 까치발로 기우뚱 거울 앞에 서서 넥타이를 매지요. 구두를 신기 위해 주변의 위험한 물건들을 치우지요. 가까스로 중심을 잡고 현관 손잡이를 돌리지요. 엉덩이를 두드려야 잠을 깨는 남자. 동료들을 부르자. *만찬을 준비할게.* 그는 대꾸도 없이 어렵게 치켜든 물갈퀴를 흔들며 사라지지요. 엄마는 옥상에 올라가 뭉텅뭉텅 하늘을 뜯어냅니다. 냉장고에서 연중무휴 재배하지요. 뱃살을 바닥에 질질 끌리며 혼자 돌아오는 골목 입구의 그를 향해 손을 흔들어줍니다. 주방으로 돌아와 식탁을 차립니다. 정육점에서 배달된 구름을 굽고는 그에게 손짓합니다. 고개를 휘휘 젓던 그가 볼록한 배를 가리키며 트림을 하지요. 엄마는 노릇해진 구름을 바람에 찍어 입에 넣고는 소리 나게 씹으며 콧노래를 부릅니다. 그는 가래인지 노래인지 모를 소리로 꽥 꽥. 오래전 엄마에게 사료를 받아먹고 말을 배우며 우물거리던 그 포도알 같던 입술로 말이죠. 엄마는 쫄깃한 구름 맛에 열중합니다. 그가 갑자기 그녀의 허리를 낚아채듯 오른쪽 날개로 감지요. 지느러미가 덜 자라 날지도 못하는 그 부실한 날개로 말이죠. 그녀의 허리를 구부려 식탁 위에 누이며 왼쪽 날개로 그릇들을 쓸어내리지요. 사각 모서리에선 구름이 뚝 뚝. *난 식사 중이라구. 천 일 만의 휴가를 망칠 셈이야? 숨 막히는 넥타이나 풀지 그래.* 그는 드라마에 빠지면서 흉내가 늘었지만 자신의 체형에 대한 고려가 부족해요. 엄마는 **좌절. 굴욕. 낭패감.** 공책에 받아쓰기를 시킵니다. 주말엔 동물원 나들이를 계획합니다. 다양한 부류의 이웃을 둘러보면 기분이 좀 나아질 테니까요. 엄마는 그에게 어울리는 잠옷을 입혀 연못에 띄워 줍니다. 그를 위해 예쁜 미농지에 이력서도 만들어둡니다. 물고기 시절을 스스로 떠올리기엔 그의 머리가 너무 작지요. 발음은 여전히 서툴고 그녀의 다리를 조금 떼어줬지만 자꾸 넘어져 꿈에서도 적시는 베개들. 빽빽한 깃털이 눈물샘까지 막지는 못했지요. 아침이 밝았는데도 이불을 벗지 않을 땐 거울 속의 주름살을 보여줍니다. 아침마다 성장통이 뚝 멈추면 누구나 잠깐 우주멀미에 빠지듯 그는 맙소사, 구토하던 입에 리

리카를 털어넣고 키스를! 뜨거운 육질의 깁스를! 그의 약 냄새를 나누며 이제 공중 산책법을 가르쳐야 합니다. 피부에서 잃은 중력을 허공에서 복구해야 합니다. **전속력으로 오르고 한 방향으로 몰입하는 법. 발이 땅에 닿기 전에 유턴하는 법. 결정적으로 지상에서 잠적하지 않게 가벼워야 합니다.** 새근새근 잠이 든 그의 날개에서 깃털을 솎아줍니다. *크고 아름다운 셔틀콕을 만들어줄게.* 거울과 거울 사이에 서서 엄마는 뒤통수를 잽니다. 몇 개의 깃털을 꽂을 수 있습니다. 머리를 민다면 말랑말랑한 코르크로 그만입니다. *그만 좀 울어요, 귀여운 당신. 내일은 멋지게 날려주겠어요!*

동생과 내가 라켓을 휘두릅니다.
한 몸이 된 엄마와 아빠가 날아갑니다.

* Lyrica: 범불안장애 및 통증 치료제.

지하철 3호랜드

아기들의 뺨은 푸르고 윤이 납니다
턱에 엉킨 갈기를 만지작거리는 사내들의 눈빛이 어슬렁어슬렁
육아낭에 담겨져 아기들은 단내에 겨워 눈이 풀리고
입가로 새어나온 과즙을 닦아주며 엄마들은
짧은 앞발을 치켜들고 사방을 향해 눈을 부릅뜹니다

꽃다발을 뒤집어쓴 위풍당당 청년은 장식깃의 포스가 독보적입니다
그가 한껏 펼치는 오색찬란한 깃털을 배경으로
모래먼지가 덕지덕지 낀 긴 속눈썹의 여자가 쭈그러든 쌍봉을 추어올리며 기념 촬영 포즈를 연출합니다
무거운 배를 뒤뚱거리던 나비넥타이의 남자는
무늬만 날개인 지느러미를 치켜들고 연신 땀을 닦으며 흑백사진처럼 웃습니다
사막과 남극의 기후를 조율하지 못해 에어컨은 쿨럭쿨럭 슬럼프에 빠져 있습니다

호객 행위를 하는 인공조명은 순발력이 뛰어납니다
신비주의 야행성 시인들이 관람객에게 잘 보일 수 있도록
낮엔 적색광으로 잠을 깨웁니다
밤엔 잠들 수 있도록 대낮처럼 불야성을 꾸미거나 사료에 알코올을 섞습니다

늪에서 막 나온 남자가 요란하게 하품을 하며 잿빛 의족을 끌고 첩첩산중을 지나갑니다
새장에서 성대모사에 실패한 조그만 여자는 녹음기가 달린
수레바퀴를 타고 립싱크를 하며 따라갑니다
홍해처럼 갈라지는 한강을 건너면 젖과 꿀이 흐르고
꼬리를 날리는 검은 줄무늬의 여학생들이 발굽들의 수다를 피우며 뛰어다닙니다

하늘에는 비행접시가 둥둥 떠 관람 중입니다
오늘은 우아한 발톱들이 떠돌며 시체를 물어다 주

는 장면을 보기에 알맞은 날씨입니다
    비행접시에서 광선이 쏟아져 죽은 사람을 직접 끌어올리는 영화 같은 날도 더러 있습니다
    유령을 다른 행성으로 입양해 가는 그들 역시 이곳에서 입양된 자들입니다 뿌리를 찾아서 오는
    우주 입양인들의 보법을 고려한 사파리 운행과 24시간 개방이 시급합니다
    더 많은 우주학회와 통역협회들이 나서야 합니다
    수십억 년째 닦고 있는 통행로엔 양탄자 같은 구름이 깔려 있습니다만

    폐장 시간입니다
    사육사들이 토사물을 치우고 사람들을 울타리로 들여보냅니다
    내일은 좀더 차별화된 테마파크가 필요합니다
    다양한 동선에 따른 설계가 요구됩니다
    문이 닫힙니다

wallpaper for the soul

　심야의 소음을 항의하며 입주자들이 불면을 호소했네.
　우편물을 나누어 주고 906호에 들렀다 오는 길이야.
　디제이 라벨 씨가 볼레로를 멈추고 물의 장난으로 음반을 바꾸자
　방음벽은 필요없다며 사람들은 침대로 돌아가고
　철거 위기를 넘긴 집들은 오수에 잠겼지.

　이삿짐을 아직 들이지 않은 사색가여, 그대는 황금 분할을 연구하느라
　거리에서 백야를 견디고 있구나. 거리가 짓무르도록
　은행나무 가로수가 고름을 터뜨리는 동안
　무수한 선을 가로지르는 바람의 피치카토는 기록되지 않는다.

　수도꼭지에서 핏물이 새는 809호의 습관은 여전해도
　거미줄 치는 얼룩보다 더 빨리 페인트 가게들은 자란다.

일요일마다 옥상에서 침대를 볕에 말리는
404호는 관리실 모니터 속에서 새벽마다 몽정을 하지.
내가 가진 천 개의 비상키는 인테리어 잡지에 베스트하우스로 꼽힌
이 건물의 외관보다 지루하지 않아.

in my heart there's plenty of room

해가 지면 층층이 저벅거리는 소리. 현관에 비치된 철쇄 달린 발자국을 끌며
귀가한 사람들은 단단하고 윤이 나는 상아를 끌러 벽에 건다.
나는 벽들을 순찰하며 보송보송한 악기를 발굴하고
그들은 유골을 화병에 꽂아두고
사진들 속에 살을 분배하고 누워 어둠처럼 태워진다.

두루마리를 풀듯 하얗게 달려오는 아침의 사이렌.

만월처럼 부풀어 몸을 날린 여자들은
바닥에서 뻗은 정원수에 안겨 시월의 잎사귀처럼 앰뷸런스에 쏟아졌네.
그 후 뒷산 약수터에 시신을 떨군 602호는 약수통에 묻은 물 한 방울처럼
사라졌지만 그래서 수년간 방을 비워두었지만
원한다면 당신에게 그 방을 줄 수 있어. 수평으로 흐르는
흰눈의 물결이 압권인 커다란 붙박이 통유리창이 아름다운 방이야.

하지만 알아두길. 깨어진 창문을 달빛으로 용접하는
죽음의 복화술. 지휘봉처럼 지축을 잡고 쓰러진
바람의 결말은 감전이 아니라 반전일 뿐. 아래위로 종횡무진 펼쳐지는
끝없는 시간의 아르페지오! 엉겼다 흩어졌다 물의 장난처럼
증발하면서 출토되는 천 개의 방.

in your heart there's plenty of room

열쇠 구멍처럼 두 눈만 반짝이지 말고
배고픈데 우리 점심이나 먹고
간밤에 여행을 떠난 301호 벽지나 함께 고르러 갈래?

* Tahiti 80의 노래에서 제목을 빌림.
* 볼레로, 물의 장난: Ravel의 음악.
* 이탤릭체는 노래 「Wallpaper for the soul」에서.

시간의 골목
— 세레나데

희끗희끗 구름모자 아래
구불구불 바지 따위는 걸어두세요
입과 입에 깍지를 끼고
여섯 명이 만나 열두 명이 헤어지는 이곳

기차처럼 뻗어 덜컹덜컹 코를 고는
당신을 물어뜯을래, 하얗게 치약 거품을 물고
달아나며 경적을 울리는 목
뒷걸음질을 모르는 손목
슥슥 철로에 문지르는 발목

풍경처럼 누워 무궁무진 펼쳐지는
나는 사라져줄게, 무한궤도로 휘감은 허리를 깔고
사뿐히 밟혀주는 침목
눈을 뜨면 죽여주는 창가의 나목
가쁜 숨을 몰아쉬는 시간의 건널목

볼륨을 높이고 손가락으로 가볍게 체위를 바꾸면

밤의 항문이 되어 한순간에 파열되는
피 흘리는 골목

시간의 골목
— 담장엔 눌어붙은 나비들

담장을 따라 천천히 걷던 그녀는 가파른 오르막길 끝에 엉거주춤 서 있었다.

숨을 헉헉대며 올라온 사람들이 뒷모습에 열중하며 내려갔지만, 등을 돌리고 선 그녀는 나무들을 향해 몸을 뻗고 있었다.

달걀 거품처럼 휘휘 풀어진 아침.

새로 산 오븐에서 빵 냄새가 익고 아홉 명의 언니들이 서로의 미각을 튜닝하고 있을 때

그녀는 나무들의 명찰을 떼어 엄마의 시장 바구니에 살며시 끼워넣고는 행글라이더를 수소문했다.

엄마는 재떨이에 명찰들을 비벼 끄고

창을 열고 날이 밝도록 이불을 털었다.

우리들의 보스, 당신은 죽었잖아요.

희뿌연 연기와 반짝이는 먼지가 잡채처럼 뒤섞이는 창 너머로

일요일마다 성가대는 목소리를 긁어모아 교회의 첨탑을 쌓고 나무들은 점점 더 낮아져 납작해졌다.
 훔친 날계란으로 아름다운 변성기를 유지하던 검은 치마의 삼촌들이 윷놀이를 접자
 윷판 위에 남겨진 그녀는 반으로 접혀졌다. 윷판 속에서
 나무들을 망가뜨리지 않으려고 조심조심 뿌리를 캐어 옮길 때마다 지렁이가 실타래처럼 끌려나오는 밤.
 악몽에서 깨어난 그녀는 길고 긴 어둠의 복면을 끌고 나와 집들의 눈을 가리고 골목의 녀석들과 눈이 맞았다.

 패러스쿨로 보낸 아이들은 몸을 둥둥 띄우기도 전에 추락했고
 진화된 처녀들의 공작 시간을 염탐하며 비탈을 지나는 꼬리 잘린 여우처럼 그녀의 이부자리는 축축했다.
 댄스 교습소를 나온 이모들은 스텝이 빨랐다.
 낯선 그림자에게 손 내밀며 셸 위 댄스?

사람들은 왼쪽에서 오른쪽으로 사라졌다. 왼쪽에서 다시 왼쪽으로 돌아가는 사람은 오른쪽에서 오른쪽으로 돌아가는 사람을 만나지 못했다.
룸바를 타고 떠내려온 버들잎처럼 하류의 분실물센터에서 서로를 습득하기도 했지만 이정표는 다시 왼쪽 아니면 오른쪽.
리듬이 끝나면 그들은 헤어졌다.

사람들의 해진 뒤축에서 돌멩이가 튈 때마다 수다스런 개들이 뛰쳐나왔다.
소문난 충견들답게 골목이 가라앉을 때까지 컹컹. 허리를 낮게 구부리고 구경하던 태양의 목덜미가 덥석 물렸다.
전염병처럼 지붕을 덮는 마지막 여름비.

절뚝거리는 목을 감싸쥐고 여름은 겨울숲으로 이송되고 집들의 구멍을 위해 검은 내복을 입은 쥐들이

급파됐다.
  막다른 핏줄마다 미숙아로 잠드는 골목들이 공처럼 웅크리고
  점점 얇아져 먼지가 된 나무들은 천체망원경 속으로 사라질 때

  담장을 돌고 돌아 나뭇잎 몇 개 사은품처럼 손에 쥐고 집에 오는 엄마.
  우리들의 밥, 당신을 내가 떨이로 팔았는데
  고운 옷을 입고 보육원을 떠나는 아이처럼 당신은 또 거리로 따라나서네.

칼의 꽃

 검은 머그컵 안에 수저와 함께 꽂힌 과도를 누군가 자꾸 뒤집어놓는다. 칼날이 눈을 찌르잖니. 나는 그릇을 닦을 때마다 칼을 다시 꺼낸다. 날을 거꾸로 기울여 꽂고 빨간 손잡이를 컵 위로 띄운다. 칼날을 눈 밖에 치우는 동안, 누군가 칼을 꺼내 하얀 파뿌리를 다듬고는 사각사각 날을 세워 컵 속에 꽂는다. 칼날이 명치를 파고들잖니. 나는 투덜거리고 찌개는 끓는다. 칼에 썰린 것들이, 피도 없는 것들이 빨갛게 핏물을 우려낸다. 칼을 목에 댈 때 헝클어진 머리를 쓸어올리지도 못한 파뿌리를 보며 남자는 여자가 하얗게 겁에 질린 거라 생각했을 것이다. 몸이 동강 나기 전에 파뿌리가 먼저 몸을 지운 줄 모르고. 빨간 손잡이를 챙겨온 나는 컵 속에 칼날을 묻었다. 까마득히 잊어버린 속살을 들추려는 듯 누군가 눈앞에서 빨간 사과 껍질을 벗겨낸다. 멍든 사과 속살을 보며 나는 눈을 흘기고 머리 위에서 햇빛은 끓는다. 나의 붉은 머리칼을 마저 깎고 누군가 하얗고 푸석푸석한 내 얼굴에 표정을 조각한다. 칼에 베인 얼굴이 새순처럼 생살을 내민다. 생살을 찢어 웃음을 완성하고는 누군가 흡족한 듯 따라 웃는다. 칼의 손잡이처럼 빨간 입술을 내게 포갠다. 녹슨 針 냄새가 입천장을 찌른다. 칼이 컵 속에서 자꾸 사라지고 누군가 내 얼굴을 자꾸 다듬는다. 누군가 내게 겹칠 때마다 나는 웃으면서 의심한다. 아침마다 거울과 내가 겹치고 밤마다 나는 의심한다. 나는 거울 속의 칼을 압수한다. 칼이 사라지지 못하게 서랍에서 칼을 모두 꺼낸다. 꽃꽂이를 하듯 치렁치렁 컵 속에 꽂는다. 나는 그릇을 닦을 때마다 물을 주듯 칼날을 닦기로 한다. 녹슨 針 냄새가 찌르는 입 안 가득 세제를 풀고 사과 껍질을 피가 나도록 혀에 문지른다. 칼에 썰린 것들이, 피도 말라버린 것들이 빨갛게 향기를 우려낼 때까지.

바늘과 트랙

벌거벗은 제왕이 양팔저울을 들고 왔다
저울에는 뚱뚱한 사람과 마른 사람이 매달려 있다
한쪽으로 기운 저울을 두고 화장실에 간 사이
마른 사람이 뚱뚱한 사람을 조금씩 뜯어먹었다
앙상한 손가락의 괴력에 관해서라면

유머는 할퀴는 것 돌고 도는 것

뚱뚱한 사람은 불룩한 뱃살을 늘어뜨리고
누렇게 웃자라 손등을 덮는 손톱들을 숨어내고
잠이 들었다 주체할 수 없는 살들에 가위눌렸다
뼈대가 돌출되기 시작하자 눈을 떠
살점을 어깨에 떠메고 끙끙대는 마른 사람을 본다

화장실에서 돌아온 제왕이 부리나케 창문을 열며 숨을 고른다
(이건 아니야, 도저히 말이 안 돼!)
저울의 추를 찾느라 천지를 쑥대밭으로 만든 그가

보이지도 않는 옷자락의 먼지를 털어내며
도서관 출입증을 끊기 위해 얼굴을 가리고 줄을 서는 동안

마른 사람은 뚱뚱한 사람의 가장 무거운 살이었던
혀를 뽑아 가느다란 면발을 만든다
뚱뚱한 사람이 눈으로 묻는다:
당신은 어디서 왔니.
마른 사람이 뚱뚱한 사람의 혀를 입에 물고 대답한다:
당신이 남긴 통증으로부터.

무게를 재고 저울을 지키는 역할로 전락해버린
제왕은 한때 재단사가 꿈이었다
(어떤 체형에도 딱 맞는 옷을 만든다면 거울과 무기를 아낄 수 있을 텐데)
백성들의 옷감과 청춘을 재봉질로 탕진한 그가
도서관에서 쫓겨나 박물관에 기증되는 동안

저울은 시소처럼 저린 팔을 내리고 반대쪽 팔을 들어올렸다
가늘어진 사람이 길게 손톱을 뽑으며 공중의 발을 굴렀다
부릅뜬 서로의 눈 속에서
뚱뚱한 사람은 더 많은 트랙을 살찌우고
마른 사람은 채혈침처럼 꾸욱 바늘을 찌르고
관중은 박물관에서 산보 중일 때

음악은 할퀴는 것 돌고 도는 것

두 사람은 잠시 더스트 커버를 덮고 낮잠을 잔다
꿈은 침묵의 음역이다
멈추지 않는 턴테이블 위에서
마른 사람은 오래 자고 뚱뚱한 사람은 잠깐 잔다

제3악장

가든파티
— 관계에 대한 고집

표정들

우리가 만난 식료품 가게 기억나?
    비를 피하는 중이었어.
너의 노란 우산이 눈에 띄었는걸.
    고장 난 우산이었어.
그런데 왜 버리지 않은 거니.
    망가진 우산은 사라지는 게 아냐. 방울
    초커를 푼 고양이 같아. 날씨가 부착돼 있
    지 않아서 소리만 없을 뿐이야.
붉은 형광램프 아래 진열장에 널린 고기를 바라보
며 우린 눈을 맞췄지.
    그래 우리가 함께 고른 선홍빛 칠월 한 점.
여기 둘만 있다니 꿈만 같아.
    태양의 컴퍼스처럼 갈라져 마주 앉은 우리.
바다가 감싸주니 더 좋아.
    해변이 옆구리를 갉아먹는 기분이야.
우울해 보여.

           그렇게 보이는 것뿐이야. 우울하지 않아.
울고 있잖니.
           네 목소리에 귀가 아파서 그래.
네가 조용한 거야.
           쉬지 않고 먹으니까.
너의 입 안엔 아무것도 없는걸.
           눈으로 먹는 거야.
넌 내 입만 보고 있어.
           같이 먹는 거야.
넌 고기를 싫어하잖니.

식성들

           피하려면 집중이 필요한 거야.
넌 표정을 아끼고 있어.
           더 이상 보여줄 게 없으니까.
내가 널 참견한다고 생각하니.

　　　　딸기처럼 물고 있는 살코기에게 너야말
　　로 걸려든 거야.
아니, 난 핏물까지 남김없이 삼키는걸.
　　　　그건 너의 핏물이야.
내 것은 딸기처럼 달콤할 수 없어.
　　　　딸기를 함부로 정의하지 마.
네가 먼저 살코기를 딸기 같다고 했잖니.
　　　　그건 내 말투이니 참견하려면 너의 말투
　　가 필요해.
내 피를 달콤하다고 느끼진 않아.
　　　　딸기도 달콤한 건 아니야.
무슨 말이 그래.
　　　　딸기의 맛이 달콤한 거지.
맛이란 숨어 있는 거잖아.
　　　　하지만 피 냄새는 숨기지 못해.

대화들

너야말로 너무 말을 숨기고 있어.
    딸기가 입을 막고 있을 뿐이야.
내 입도 살코기가 가득한걸.
    거미줄 같아.
딸기였다가 거미줄이라니 무슨 비유가 그래.
    이젠 빛이 참견하지 않으니까. 빛의 말투가 사라지면 기억의 말투만 남는 거야.
그럼 빛을 아끼면 되잖아.
    아까울 게 없는걸. 닳지 않으면 지킬 수 없는 거야. 딸기가 이빨에 닳아 맛을 지키듯이. 혓바닥이 우리를 문질러 말을 지키듯이.
복잡한 건 질색이야.
    그러니까 입술 좀 그만 물어뜯으렴.
너의 입술은 꼭 거미를 씹는 맛이야.
    거미는 푸른 피를 한곳에 몰아 탈피를 하지.

여기 둘만 있다니 조금 겁이 나.
　　　빛의 유머가 사라지면 기억의 유머만 남는 거야.
어두운 건 못 참겠어.
　　　우울해 보이는구나.
우울하긴 하지만, 정말 그렇게 보여?
　　　너도 울고 있잖니. 넌 왜 우니.
너무 맛이 써.
　　　그래 맛있다고 했잖니.

지붕 위의 잠

라일락이 유리 가루처럼 날리는데 벽들은 코가 없어요.
책들이 녹슨 총구를 겨누지만 살해될 눈이 없어요.
정오의 화염은 유리창들을 툭툭 터트리고
벽들의 코를 훔친 새들이 손에 닿을 듯 창틀을 뛰어다녀요.

잠이 와서 잠이 와서 병원엘 갔어요.
약을 구걸하러 간 게 아니에요.
겨울잠이 끝나면 꽃놀이 갈 거라고 소문을 냈더랬죠.

사랑하는 사람이 떠나고 그가 남긴 스푼처럼
발자국 소리가 몸을 다 떠먹기 전에 잠을 잤어요.
햇살이 망치처럼 가볍게 깨부수는 계절.
땅콩 껍데기를 털고 혼자 말리는 비린내.

소문을 타고 어디선가 사랑하는 사람이 오고
나는 섹스를 하다 잠을 자요. 모락모락 김이 오르는

껍질이 벗겨진 찐 감자처럼 머리를 으깨며 천천히
달려가는 지붕 위의 헬리콥터.
빙글빙글 프로펠러에 매달려 잠을 자요.
내 사랑에게 손을 흔들며 날개를 흔들며.

다시 사랑하는 사람이 오고
살과 살을 꿰맨 단추가 떨어지기 전에 잠을 자요.
뱃속에서 낡은 기타처럼 아기가 함께 자요.
밥을 먹다 잠들면 아기도 굶어요.

배가 고파 배가 고파 병원엘 갔어요.
젖을 구걸하러 간 게 아니에요.
입천장에 눌어붙은 금속 실타래를 뜯어 연주를 했
더랬죠.

내가 죽으면 찢고 나올 아기가 울컥울컥
목구멍을 할퀴는 입덧.
소름이 돋는 그 순간이 울음마저 멈추는 유일한 시

간인걸요.

  리듬을 타고 어디선가 다시 사랑이 오고 나는 잠을 자고
  수밀도 같은 맨살이 발라지고 나면
  그는 눈을 감고 나는 눈을 떠요.
  내 사랑에게 손을 흔들며 뼈를 흔들며.

요리의 탄생

 묵념처럼 눈을 감고 몰두하겠습니다.
 방해하지 말아줘.
 입술 한 개비씩 불을 붙여 건네며 재떨이처럼 마이크를 들이대는
 네모난 담뱃갑 같은 얼굴이라니.
 (당신과) 내가 밤새 코를 박은 음식인데 의심할 일 있겠니.

 악기공인 본업을 숨기고 대답하지는 않을래.
 카메라를 들이댄다면, 흰색 검은색 광장의 바둑돌 탑이 뭉개질 때까지
 죽은 태양의 핏물에 적신 머리칼 붓으로
 차라리 레드 바이올린처럼 여행기를 쓸 테야.
 (당신과) 내가 뒤섞은 침으로 문드러지는 음식인데 남겨둘 일 있겠니.

 요리책을 뒤지며 약속하고 싶지는 않아.
 레시피를 베끼겠다면, 얼어 있는 너의 눈이 뚝뚝

녹아내릴 때까지
　차라리 양배추를 수천 번 썰어놓겠어.
　(당신과) 내가 먹다 죽을 음식인데 배터질 일 있겠니.

　전단지를 뿌리듯 고백하는 일은 없을 거야.
　야식집마다 잡탕이 트렌드라면, 혼음하는 야채들이 바닥날 때까지
　차라리 죽은 나를 쿡쿡 찌르며 수음을 하겠어.
　관 뚜껑을 열고 반죽을 고른다 한들 믿거나 말거나
　(당신과) 내가 때가 되면 배설할 음식인데 토할 일 있겠니.

　이런! 토사물이 얼굴을 지우겠네요.
　입이나 닦으세요.

　네모난 식판 같은 지금의 얼굴이 좋아.
　움푹 꺼진 당신에게 살짝 걸터앉아

목소리는 죽이고
손놀림은 정교하게.

삭발

잠이 든 사자의 갈기는 무수한 바람에 엉켜 있다

찢어진 잎사귀로 몸을 가린 빌리 할리데이가 치자꽃 다 떨어진
  빈 가지에 목을 매달고 부르는 글루미 선데이
  수십 년이 지나도 일요일은 늙지 않네

어지럽고 휘청거리는 테그레톨의 부작용은,
어떤 이에겐 머리칼이 빠지고 허기가 가시지 않는다

일순간 분출하는 뜨거운 잠의 기포들
뇌가 종이처럼 탄다

나는 허기진 사자처럼 두 눈을 씹으며 잔다
하얗게 머리를 민 태아처럼 몸을 구기고 잔다

잠들면 조심하세요! 사라지는 부위는 야채처럼 싱싱해 보인다

수술대 위에 나부끼는 가발의 꿈은 사자의 갈기 같아

　빗질을 해야겠어
　우리는 깨어나면서 엉켜 있다 한 마리 열두 마리 삼백예순 마리
　다시 떤다 혀를 깨문다

* Billie Holiday: 미국의 흑인 재즈가수. 흰 치자꽃을 머리에 꽂고 무대에 오르곤 했다.
* Tegretol: 항경련제의 일종.

글루미선데이클럽

 백화처럼 떠도는 공기알들이 온몸을 찌르는 압정 같아. 산굽이를 돌고 도는 끝없는 벼랑. 하얗게 회오리치는 안개숲. 우물거리는 목구멍에서 한 덩어리 종양처럼 게워내네. 깃털 몇 개가 총알처럼 박힌 머리. 거울 속에서 나와 욕실 문을 닫고 창가로 가네. *배고프지 않아?* 트럼프 너머로 표정을 훔치듯 날씨를 살피네. 겨드랑이를 간질이는 커튼 자락에 까르륵거리며 날아다니는 집들의 등고선. *아침엔 창문을 열지 말랬잖아. 치자빛 잇몸에 눈이 시릴 지경이잖아.* 둥글게 몰려다니는 낡은 것들의 어깨. 마차 바퀴처럼 덜컹거리며 골목을 헝크네. 풀 먹인 벽지를 피부에 걸치고 당신, *꽃무늬 좋아해?* 아이 피부에 바를 꽃무늬 벽지나 고르러 갈까. 실크벽지 황토벽지 구름벽지 샌드벽지 이름 붙은 것들은 서로의 얼굴을 구분할 줄 알아. 진열대에 머물 때도 섞이지 않고 흩어질 땐 조용히 몸을 감는 법. 두 개의 목을 매려면 두 개의 롤이 필요하듯이. 아아 가게들이 문 닫았네. *일요일이잖아. 따스한 햇살이 칼날 같잖아.* 발코니를 치워야

겠어. 색이 바랜 얼굴에서 꽃잎이 떨어지고. 입술이 떨어지고. *아이 만드는 일은 잠시 쉬기로 하자. 아아 문을 닫아도 일요일 뒤로 걸어도 일요일.* 눈이 부셔서 사람들은 장맛비처럼 들끓지. 들뜬 무늬를 꾹꾹 풀칠하는 혀. 곰팡이가 번지는 면사포를 쓰고 신부처럼 창문은 얼굴을 지우네. 벽지들이 겁도 없이 살을 붙이는 일요일. 두 개의 얼굴을 지우려면 두 개의 벽이 필요하듯이.

302호 밍크고래

a.m. 7:30

삐걱거리는 문 소리에 두 귀가 쭈뼛 일어선다. 302호가 외출하는 시간이야. 두 눈이 벽시계를 가리킨다. 302호의 코 고는 소리가 드릴처럼 갉아놓은 벽. 소리는 발자국보다 폭력적이다. 그가 혹은 그녀가 혹은 그들이 어디로 향하는지 모른다. 이제야 잠자리에 눕는 내 몸을 이불처럼 개어놓고 사라지는 지느러미들.

층계의 시간

쓰레기를 내놓고 구름다리 오르듯 지나는 담배연기 숲. 연기 속 희미한 실루엣은 포획되자마자 후닥닥 302호 문 속으로 달아난다. 팬티 차림의 뒷모습이 시퍼런 문에 잘려 있다. 고래고래 여자의 악다구니가 튀쳐나와 남자의 뒷모습을 문 안에 쓸어 담는다. 거리의 약국을 종일 뒤지다 돌아온 남자의 맨살은 모자이크 처리된다. 여자의 악다구니는 전조도 없고 처방도 없다. 불협화음을 취급하는 시간의 악기점은 지나친 지 오래. 오늘은 일요일일 뿐. **초경을 맞은 소녀들은 전깃줄로 고무줄놀이를 한다. 육감을 연마하는 지루한 잔혹극.** 사각사각 골목은 빨래처럼 마르고 스케치북에서 오려진 아이들이 비단살결을 입기 시작한다. 긴 밤을 새운 나는 겨울잠에 빠지고, 찌개를 지피는 302호는 그들을 등에 업고 난류 쪽으로 헤엄친다. 살얼음 낀 층계. 한 꺼풀 두 꺼풀 바나나 껍질처럼 벗겨지는 바다의 피부.

물 위의 난간

이삿짐을 풀기도 전에 아크릴 문패가 떨어졌다. 문패 없이 두 해가 지난 어느 여름날. 우체부가 맡겨놓은 소포를 찾으러 갔을 때 처음 본 여자는 말이 없었다. 나는 유성매직으로 301을 문에 적어 넣으며 곁눈질했다. 302 대신 Jesus가 매달린 문. 일요일마다 길 잃은 술고래를 고래고래 집으로 인도하는 그녀의 침샘은 마르지 않는다. 그녀는 목청을 높이고 나는 TV

볼륨을 높인다. 그녀는 슬리퍼로 질질 지느러미를 끌고 나는 봄여름가을겨울 네 개의 다리를 끈다. 하얀 구름을 뿜는 잠망경을 폐에 꽂고 남자는 옥상 위로 떠오른다. 고층 건물들 속에서 눈에 띄지도 않는 이곳의 옥상은 그와 나의 전유물. 술고래의 파자마가 난간에서 펄럭거린다. 비린내가 눈을 찌른다. 앞다리와 뒷다리가 퇴화한 그의 파자마는 들쑥날쑥한 나의 그림자보다 유선형이다. 여자의 악다구니에 분수처럼 뿜어올려진 남자는 다시 그녀의 샘으로 돌아온다. **호주에서 녹음됐다는 밍크고래의 노래를 듣다가 나는 잠이 든다. 내 노래는 녹음된 적이 없다.**

p.m. 11:30

허기진 나는 냉장고 문을 연다. 우유를 꺼내고 시끄러운 그녀를 몰래 집어넣고 냉장고 문을 닫는다. 어둠에 젖은 3층은 뜯어먹기 좋을 만큼 말랑말랑해져 있다. 차가운 잠자리에서 잠 못 드는 그녀가 포도잼처럼 기어나온다. 습하고 덩어리진 음성이 벽에 덕지덕지 엉겨붙는다. 그녀의 남자가 포크처럼 일어난다. 쫄깃한 면발처럼 벽에 찰싹거리는 파도 비린내. 나는 냅킨으로 허벅지에 고인 침을 닦으며 벽을 쾅쾅 찍어댄다. 물결이 와르르 쏟아진다. 잘게 썰린 유선형의 혓바닥들이 창 너머의 바다로 서빙된다. 어두운 창문을 봉인하자 점자블록의 노란 벽이 다시 깔린다.

누드

 물의 입술에 대고 말을 건다. 내 배꼽까지 샅샅이 만지던 입술. 동그란 배꼽에서 문드러지는 자둣빛 그대의 혀. 아가미 너덜대는 축축한 라디오.

 주파수를 잃은 칠월의 계단은 겨드랑이마다 치직거리는 피어싱을 하고 지하에서 바다까지 달렸다.

 나는 이마의 땀을 닦으며 계단을 몸속에 접어 넣으며 숨을 고르고 있다. 서걱거리는 모래살점들을 풀어 말리는 해변.

 그대의 입술에는 그대가 아직 못 만진 내가 있다. 내가 아직 못 만난 내가 있다. 나는 그것의 행방이 궁금하여 떠나지 못한 내 마을의 이방인. 숲과 언덕이 내 몸을 꾹꾹 누르며 다 지날 때까지 똬리를 틀고 천식을 앓는 우물 속의 뱀.

 갈라진 두 개의 혀로 어둠의 속옷을 훔치고 더 많

은 관음증이 쌓일 때까지 얼굴을 바닥에 문댄다. 죄가 재가 되도록 재가 새가 되도록

 너덜너덜해진 얼굴을 기워 두레박 짠다. 불어터지는 자줏빛 나의 혀. 언니들이 도망간 축축한 인형가게.
 나는 바람에 대고 말을 건다. 가만가만 비켜설 뿐인 공터의 탄력.

 불타는 모래 위를 뛰어다니는
 검은 발바닥의 오후.

밀담

먹물이 덜 마른 立春大吉을 할퀴며
동면에서 일찍 깬 엄마는 뒹굴기 시작했는데
아버지는 돌멩이가 지루해진 두 아이와 권총놀이를 중단하고 뛰어왔는데
죽은 언니에게 물려주지 못한 문에 갇혀서
엄마는 악착같이 나를 낳아
몸 가운데에 문 하나를 조각하고는 미심쩍었는지 다시 이맛살을 세우더니
그래서 얻은 두 아이는 신발 대신 페달을 신고
권총을 제법 다룰 줄 아는 두 아이와 합류하여
학교 담장을 넘으며 아버지를 따돌리기 시작했는데
골목의 아이들은 달랑거리는 지렁이를 귀에 달고 서로를 겨누고
다트게임은 이제 그만하렴! 붕대를 들고 아이들을 불러모으는
엄마들의 저녁 요리는 지렁이 밑반찬

  나의 문이 맨 처음 검은 철쭉꽃을 피우고 소스라치던 밤
  우둘투둘 엄마 손은 붉어지는 꽃비늘들을 뜯어
  한 잎씩 뗀 내 얼굴에 싸 살며시 휴지통에 버렸는데
  자나깨나 문단속! 빽빽거리는 선생님 몰래 창가로 날아드는
  햇살 무늬만 보면 눕고 싶어 잠이 왔는데
  몸의 습지마다 혓바닥을 내걸고 밖으로 새는 피를 핥으며
  잠들지 않으려고 끌칼로 파고 또 파던 책상
  아가야 나오너라 달맞이 가자
  어두운 창턱엔 개선가처럼 날리는 오빠들의 휘파람이 마르지 않아
  팔다리를 접어 몸에 넣고 쭉쭉 늘어난 배를 끌고 살금살금
  담장을 넘어 연기처럼 거닐던 꽃뱀의 산책

*

숲 속의 아이들이 달랑거리는 쥐꼬리를 귀에 달고 뒤뚱거릴 때
훔친 오빠들의 권총으로 귀를 하나씩 오려주던
나는 구름의 탄환
단물이 흐르는 풀숲에서 땀을 씻던 엄마는 화들짝 고무풍선처럼 몸이 부풀고
뭐가 그리 급한지 내 입에 가랑이부터 밀어넣고 살을 버무렸는데
엄마를 천천히 삼키고 트림을 하면
부화하여 내 몸을 파먹는 엄마의 알, 나는
꽃뱀의 살을 찢고 다시 태어난 두꺼비
죽은 언니 대신 물려받은 문을 뚫고서 악착같이 튀어올라 몸을 뒤집고
팔다리를 빨아당기며 다시 철쭉꽃은 피고 지고
녹색 표피에 길게 번지는 불꽃의 문양

녹턴

꽃밭

언덕은 파랗게 종아리를 드러낸 채 묘지까지 달렸네
거품 같은 미풍을 입에 물고 경련하는 근육들이 지표를 흔들었네
피가 고여 잠든 엄마는 흙 속에 누워서도
배가 솟아오르고 겨우내 몸을 풀더니
애야, 기저귀를 챙겨다오
걸음도 못 떼는 너와 나의 허벅지 사이로 줄줄
흐르는 것들을 손바닥만 한 수면안대로 막기엔 어림도 없구나
뒤뚱뒤뚱 네 모습이 펭귄처럼 다정하구나
엄마, 이제 저를 그만 좀 낳으세요
찢어진 토슈즈를 신기고 손뼉 치는 새빨간 웃음에 침이나 바르세요
바람을 둘둘 말아 아무리 닦아도 땅의 가랑이마다 고이는 피
붉은 꽃밭을 지나면 비린내가 났다

사탕수수밭

 무덤을 팠어요. 흙에 박힌 엄마는 날지 못했어요. 겨우내 팠어요. 봄볕에 태우고 여름 강가에 뿌렸어요. 누군가 손목을 잡아챘어요. 공중에 발을 띄운 무희처럼 끌려갔어요. 차르르 바람이 넘어졌고요. 밭에는 아무도 없었는데요. 작열하는 별들이 내 몸을 파랗게 뒤집었어요. 하얀 손이 넣었다 뺐다 문지를 때마다 즙을 짜는 몸이 별빛에 범벅이 되었어요. 서로 다른 시간을 타고 내려온 별빛처럼 내 얼굴은 산산조각 숱한 날들에 연루되어 흩어졌어요. 불현듯 이마에 훅 끼치는 포르말린 냄새. 혼자 하는 놀이는 모두 죄란다. 밭 한가운데 우뚝 한 사람이 보였어요. 아니 수천수만 줄기들. 입을 틀어막고 웃는 고양이는 되지 말거라. 엉거주춤 일어나 바지를 추스르고 손을 뻗쳤어요. 손가락 사이를 빠져나가는 기다란 잎사귀. 녹색 사리에 휘감긴 몸의 마디마다 젖이 흐르고 있었어요. 아이들을 부케처럼 하늘로 던지며 엄마는 가장 황홀한 장면에서 멈춰 있었어요. 나는 엄마를 찌르는 꽃대들을 꺾었어요. 한 줄기씩 물속 설탕공장으로 실어나르고 일과를 마친 노예처럼 강가를 돌아봤어요. 흩어졌던 별들의 파편처럼 설탕가루를 입에 쏟아붓고 강물로 목을 축였어요. 엄마의 뼛가루가 번지는 내 몸에 귀환하려던 하얀 손은 강가에 앉아 나를 헹궜어요. 사탕 봉지처럼 비틀어 몸을 짰어요. 내 몸에 박힌 엄마는 날지 못했어요.

사이의 관극
— 관계에 대한 고집

앞자락에서 떨어진 소년을 화분에 묻고 긴긴 겨울 일기를 쓰는 사이,
 소녀가 세트에서 치워졌습니다
 관객이 소녀의 행방과 소년의 행동에 몰두하는 사이,
 우리는 무대를 광이 나게 닦고 조명을 둘러보고 새로운 소품들을 주문하였습니다
 소년이 테라스에 띄엄띄엄 배치되는 사이,
 관객은 눈을 비비고 소녀가 눈곱처럼 날아갔습니다
 우연처럼 혹은 각본처럼 우리가 살풋 잠이 든 사이,
 무대 밖으로 수거된 소년과 소녀의

미끈한 오토바이와 희미한 발자국 사이
 소품들을 실은 계절이 행렬처럼 지나갔습니다
 나비 떼를 나르는 트럭의 꽁무니를 소독차처럼 뒤좇는 난쟁이들과 난롯가에서 책을 읽는 돋보기 눈알들 사이
 우리는 훔친 소년의 나침반과 소녀의 풀린 스웨터 한 올을 잡고 있었습니다

사람들의 나무토막 뼈마디와 뼈마디 사이
　끝이 없는 실들이 우리의 손목에서 실패를 풀었습니다
　간혹 관객으로 변장을 하고 객석을 빠져나온 마리오네트가 광장의 끝 페이지와 첫 페이지 사이
　인파에 절여놓은 소년과 소녀를 손질하였습니다

배달된 나비 떼가 가루비누처럼 날리는 사이,
　잠에서 깬 우리가 기다리는 무대와 텅 빈 객석 사이
뒤죽박죽 엉킨 세탁물처럼 사람들이 돌아왔습니다
　우연처럼 혹은 각본처럼 우리는 조용히 불을 껐고
무대가 어두워지는 사이,
　막이 오르자 웅성거리는 관객들 사이
　팝콘처럼 조명이 켜졌습니다

뿔뿔이

장난감을 빼앗긴 아이가 엄마를 등돌리고 누워 있네.
잔뜩 뿔이 난 아이에게
애야 자장가를 불러줄게, 엄마는 다가가
어루만진다. 검은 매니큐어를 바른 손톱으로
아이의 뿔을 갊으며 뽑으며
피부 속으로 깊숙이 밀어넣으며.
엄마는 계단. 엄마 대신 달을 노래를 기차를 가졌을 때도
만삭인 아이는 엄마 엄마 밟으며
달을 따고 모창을 하고 기차를 유언처럼 후, 날릴 때에도
뿔은 특수분장처럼 피부 속으로 들락날락.
보이는 것은 사라지고 사라진 것은 끝없이 살아
꼭꼭 숨어라 머리카락 보일라
뿔이 나기 시작하면서 사람들은 뿔뿔이 흩어진다.
뿔뿔이 헤매면서 사람들은 뿔을 폈다 접었다
뿔뿔이의 놀이.
뿔뿔이의 힘.

移死 前夜

 휴대폰을 내려놓고 일어나 옷을 꿰입는다. 세면대에 담갔다 뺀 그녀의 얼굴에서 물방울이 뚝뚝. 초인종을 발사하고 현관을 점거한 검은 남자와 낯선 처녀의 얼굴에선 땀방울이 뚝뚝. 땡볕 아래 사람을 몰고 다니는 남자는 손톱까지 검게 그을려 있다. 문이란 문은 죄다 열며 손가락 하나로 불빛을 엎질렀다. 이미 너무 밝은데 가구들의 표정이 뭉개질 지경이다. (

) 스위치를 모두 끄고 소파에 누웠다. 입과 눈과 귀에 잠의 솜뭉치를 차례로 쑤셔 넣는다. 다시 휴대폰 벨소리. 시멘트처럼 굳어가던 근육이 움찔. 빨래 건조대에서 수의처럼 보송보송 마른 박하향 속옷을 치운다. 들어오자마자 눈을 내리깔고 옆구리를 찌르는 남자의 귓속말. 내일 이사할 수 있죠? 날짜를 늦추자더니. 옆에 있던 여자가 베란다에 대해 묻는다. 짐이 많아서요. 남자가 넓은 거실을 강조하며 여자의 시선을 낚아채 넘긴다. 맞아요. 그녀는 할 일을 다한 듯 입을 닫는다. 창 아래 고물처리장에서 종일 웅웅

대는 악어들의 이빨이나 삐걱삐걱 새벽마다 우는 건물의 관절들이나 무늬목 아래 스멀거리는 금파리들에 대해서는 말하지 않는다. 옛 주인도 그랬다. (

) 도로 위의 고양이처럼 내장이 빠져나간 여자들의 발자국이 여기저기 널려 있다. 주섬주섬 손으로 쓸어 벽장에 턴다. 벽장 속에서 침을 처바르며 철퍽거리던 쥐들의 꼬리를 문으로 탁, 자른다. 바닥을 훔치고 머리칼 몇 가닥 집어들고 불을 붙여 창가에 날린다. 연기와 악취를 향해 방향제를 살포하고 스위치를 끈다. 휴대폰에 자꾸 눈이 간다. 시간이 흐르는 액정 화면을 짓밟으며 거대한 타이어가 성큼성큼 다가온다. 문틈을 비집는 클랙슨 소리. 스위치를 모두 켜고 창가에 서 있는 어둠을 떠밀어 아래로 떨어뜨린다. 검은 남자가 젖은 여자를 운구하며 들어온다. 건물을 다 태울 만큼의 장작더미가 있는 지하 창고에 대해 말하지 않는다. 어차피 열쇠는 넘겨질 것이다. 상반신만 타다 만 나무들이 문 밖에서 비를 맞았다.

그녀는 물에 잠긴 목소리로 그들을 배웅하며 야옹 야옹. 갠지스강 물결 위에 띄우는 꽃불처럼 냉동실에서 얼린 눈알을 반짝반짝 꺼냈다.

지붕 위의 아리아

　실리콘 피부에 눈매를 그려넣고 조물주는 환절기에 잠깐 눈을 붙였다.
　마지막으로 귓바퀴를 완성하느라 봄을 탕진한
　그가 로봇의 손에 교편을 들려 학교로 내보내고 온천욕을 즐기는 동안
　냉동고 속엔 갓난아기들, 지루한 천 일의 잠.
　뉴스 화면을 나와 뜨거운 여름
　그녀는 냉장고를 닫고 기침을 한다. 식도에 감기는 물의 탯줄.
　감기약이 떨어진 새벽.
　부검을 위해 아기들이 천천히 해동되는 동안
　리모컨은 잠 못 드는 열대야를 지휘한다. 무반주 채널 모음곡.
　오보에를 부는 남자의 솟구치는 뺨이 공처럼 튀어나온다.
　화면이 깨진다.
　소리가 바닥에 떨어지지 않게 벽들은 패스놀이를 하고

바이올린의 주름을 뜯으며 천천히 걸어나오는 노인.

당신의 가장 미천한 종.

천장 모서리마다 모기들이 엎드려 가늘게 짖는다.

그녀는 솔잎향 에어로졸을 트럼펫처럼 쳐들고 각이 진 어둠 구석구석에 분사한다.

앙코르! 앙코르! 박수는 댐처럼 터지고

아리아가 흐르고 지붕 위로 넘치는 동안

아직 묻히지 못한 아기들은 국과수에서 경찰의 손으로 넘어간다.

리모컨은 왼손에서 오른손으로.

영전에 바치는 신중현의 라스트콘서트. 천둥과 번개 속에

이빨보다 반짝이는 잇몸으로 부르는 님은

먼 곳에. 명복을 비는 우비 소녀들의 코러스.

장대비는 무대를 삼키는데 감전되지 않고 울어대는 기타의 곡성.

틀니를 훔친 벽들은 지문이 닳도록 패스놀이를 하고
시간이 깨진다.

여명에 문드러지는 냉동고
손잡이에 묻은 지문을 경찰이 채취하는 동안
그녀는 손 안의 거미줄을 티브이에 말아넣고
화면 밖에서 쉬고 있는 연주단원들과 마저 청소를 끝낸다.
손자국이 묻은 냉장고를 몰래 닦고
노천탕에서 돌아올 조물주를 위해
하얀 나이트가운을 지구의 지붕 위에 올려놓고 칠월의 객실을 나온다.

* 당신의 가장 미천한 종: Bach가 「브란덴부르크 협주곡」에 붙인 헌정문에서.
* 님은 먼 곳에: 신중현의 노래.

달리는 달리

 밑그림을 넘친 붓털 같은 날이었어. 가방엔 물감이 떨어진 카메라. 부산으로 가는 기차는 느릿느릿 다리를 절었어. 정거장마다 신발에서 본드를 떼어내듯 투덜투덜. J와 Y가 바람의 밀렵을 중단하고 마중 나왔어. 함께 보러 간 달리展.

 (본다는 것,
 몇 개의 색채로 채워지지 않는 관음증)

 색채들이 흘러내리는 벽들에 갇혀 폼페이의 아이들처럼 두 눈만 크게 벌린 사람들. 엄마의 뒷모습이 보였어. 여기예요, 여기. 가방에 손을 넣고 그녀를 돌려세웠어. 말해봐요, 치이즈. 카메라를 저지하는 청테이프에 친친 감긴 그녀의 눈. 오벨리스크를 등에 실은 우주 코끼리 다리처럼 내 손가락은 가늘어졌어. 타오르는 여인 앞에서 J를 깜박! 늘어진 시계 앞에서 Y를 깜박! 메모리칩을 뺀 눈으로만 찍었어. 끼워맞춰야 하는 기억놀이처럼 스쳐가는 신체 퍼즐들.

1989년 이후 꿈의 시간. 장수 노인답게 달리는 긴 잠에 빠졌네. 서른여섯 살이나 어린 엄마도 그해 눈을 감았네. 에스파냐에서 부산까지 눈을 감고도 달리는 달리. 코밑의 안테나를 머리 위까지 쫑긋 세우고 백 년을 하루같이 달리는 마라토너 달리. 엄마는 숨이 가빠 멈췄네. 그 후 급속도로 나와 거리를 좁히는 엄마. 차라리 언니라고 부를까. 그녀에게 어울리는 나이를 선물하고 싶지만 내겐 기억의 유산이 없는걸.

그림일기처럼 들여다보던 사각의 눈 속에서 달리가 빨갛게 바라보았어. 조끼 주머니에서 허둥지둥 회중시계를 꺼내 보더니 파인더를 벗어나 유유히 구름을 타고 퇴근을 하는 달리. 순식간에 어둠의 묘혈 속에 하관되는 전시장. 토끼 굴처럼 끝없이 빠져드는 여긴 검게 젖은 사람들이 어둠을 말리기 위해 돌고 도는 나라. 젖고 말리고 달리고 멈추고. 숨소리를 멈추고도 빙글빙글 따라 도는 사람들. 나는 코커스 경주를 멈추고 로비 자판기에서 종이컵을 뽑았어. J와

Y를 다정히 간이의자에 널어놓고 영정 사진을 찍었어. 카메라에 내 눈만 낚인 채 봄으로 가는 택시를 잡았어.

　(달린다는 것,
　몇 개의 시체로 멈춰지지 않는 몽유증)

운전석엔 앞면이 없는 그림자가 나를 마주 보았어. 차창 너머로 전신주에 부딪히며 지하로 귀가하는 엄마를 트렁크에 싣고 우린 겨울에서 서울까지 씽씽 달렸어. 부산까지 늘어났던 몸이 앨리스처럼 오그라들었어. 청테이프를 떼지 못한 엄마가 트렁크를 들썩거렸어. 뒤로 앉아 운전을 하던 내가 엄마의 기저귀를 갈아주었어. 기저귀에 묻은 내가 한 무더기 길에 버려졌어. 끼워맞춰야 하는 시간놀이처럼 흩어지는 신체 퍼즐들.

　* 우주 코끼리, 타오르는 여인, 늘어진 시계: Dali의 작품.

한 아이가 시소를 타며 놀고 있네

 한 아이가 시소를 타며 놀고 있네
 어둠을 튕기며 새벽으로 쏠리는 무거운 골목 끝에서 새순처럼 눈을 뜬 목질의 한 아이가 시소를 타며 놀고 있네
 처음 스친 사람이 신발을 건네고 뒤따르는 발자국들이 귓가를 쪼아대는데 깃털을 뽑힌 닭처럼 뛰는 붉은 바람 위에서 맨발을 구르는 한 아이가 시소를 타며 놀고 있네
 산부인과 병동은 밤새도록 여자들을 조문하고 여자를 벗어두고 병원을 빠져나온 엄마들은 살을 깎아 만든 아이들을 담 밑에 심어놓고 목공소에서 마주친 고래 뱃속을 항해하는데 한 아이가 시소를 타며 놀고 있네
 골목을 내려다보는 거인의 탑에서 식사를 알리는 종소리가 세 번 울리고 담 위에서 망을 보던 남자들은 뜯어먹히는 간을 꺼내놓고 독수리와 흥정을 벌이는데 담장을 넘어 훌쩍 자란 나무 위에서 한 아이가 시소를 타며 놀고 있네

하늘을 떠받친 푸른 대리석이 부서져내려 골목을 헝클고 걸음을 서두르는 행인들이 구름의 파편을 주워 던지는데 두 눈을 비비던 손을 휘휘 저으며 멍이 든 잎사귀를 몸에서 떼어 고래를 만들고 이빨을 매달아 하나씩 흙 위로 떨구며 한 아이가 시소를 타며 놀고 있네

 골목이 상영하는 천 개의 계절은 끝나지 않고 거인의 시소는 느릿느릿 어둠쪽으로 착지하는데 달의 살점이 잇새에 낀 채 가지를 분질러 독수리를 만들고 발톱을 매달아 하나씩 담 위로 날리며 뿌리를 흙 속에 천천히 못질하며 한 아이가 시소를 타며 놀고 있네

 보일 듯 말 듯 어둠에 둘둘 말리며 오르락내리락 한 아이가 땅 위에서 혹은 땅 밑에서 놀고 있는 아이와 함께 놀고 있네

어둠의 악보

구름의 갈기가 뭉텅뭉텅 떨어집니다.
하늘의 허리 하늘의 옆구리 하늘의 겨드랑이
어제와 오늘처럼 절개선 없는 패턴이 검은 락스에 표백된 오선지 같아요.
허공의 모든 살결에는 입이 있나니
빛이 불러들인 모서리들이 어둠의 토악질로 뭉개질 때
난독증에 걸린 악기처럼 너희들은 짚북데기 위에 몸을 섞었구나. 점성술사들이여,
깨지지 않는 약병들이여.
불타는 지붕 아래 구순기를 지나는 핑크빛 돼지들이 도파민을 나르는 동안
독작을 하는 갈매기 눈알처럼 점점이 공중에 박힌 시간들이여, 잠들지 않는 하프 연주여.
마흔일곱 개의 뼈를 일으켜주세요. 넘치는 대지를 구겨 넣는 늑골 사이
골짜기를 타고 흐르는 포돗빛 링거 와인,

정맥을 휘도는 썩은 열매들.

병풍을 두른 산맥들이 웨하스처럼 부서집니다.

낡은 투구를 눌러쓰고 수피댄스를 추듯 버펄로들이여,

소용돌이치는 나의 유골들이여.

먼지목욕을 하며 질주하는 목구멍의 절벽 끝,

석류나무가 붉은 암 덩어리를 팡 팡 터뜨리면

어둠의 눈 어둠의 이빨 어둠의 콧구멍

해파리처럼 벌떡거리며

마흔일곱 개의 현 위에 설탕 같은 손가락을 얹고

우리의 탄주는 달려요 달려요 달려요.

갈기를 목구멍에 매달고

또다시 어느새 울컥, 빛이 모서리를 불러들일 때까지.

* Sufi Dance: 묘비를 상징하는 긴 모자를 쓰고 추는, 신과의 교감을 위한 아랍의 회전춤.

안락의자

노파 (혹은 안락의자)

 노파는 실타래를 내려놓고 벽을 둘러본다. 행군하는 시계들의 군화 소리가 눈앞에 다가온다. 창 밑에 잠복해 있던 검은 손들이 일제히 투항했다.
 노파는 안경을 벗으며 안락의자에서 일어난다. 모자를 풀어 새로 짠 목도리를 깁스처럼 감는다. 진열장 위에서 장난을 치는 고양이에게 손짓을 한다.
 노파는 고양이가 물고 있던 시계를 받아 손목에 찬다. 고장난 거라며 아침 일찍 시계를 교환해 간 미용실 여자의 체온이 손목에 달라붙는다. 손목에 멈춰 있는 시간 속을 벽시계들의 행렬이 막 통과하고 있었다.
 노파는 슬리퍼를 갈아 신고 유리문 손잡이를 돌리다가 잠시 들여다본다. 솜구름 같은 머리칼 위로 거칠고 메마른 손가락들이 날아올랐다. 빛바랜 시간의 올을 빗질로 하얗게 짜던 새들. 뭉게뭉게 엉킨 구름의 잎맥들을 더듬는 뭉툭한 부리들.

〈노파 혹은〉 안락의자

　문 너머의 세상은 끝이 없을 것처럼 고요하다. 노파가 손잡이를 마저 돌리자 물수제비 뜨듯 튀어오른 새들이 노파를 끌고 유리문을 빠져나온다. 재빨리 뛰쳐나오는 고양이가 노파의 그림자를 물어다 준다.
　골목에는 얼굴 없는 사람들이 눈을 가리고 이리저리 부딪쳤다. 봉제선이 뜯어진 목들이 음식물쓰레기 봉투처럼 역한 냄새를 쏟았다. 모퉁이를 돌 때마다 가로등이 어둠을 벗기고 불심검문했다. 주머니에서 문드러진 형체도 없는 얼굴을 내밀었다.
　집에 당도하자 담을 넘은 고양이가 문을 열고 있었다. 노파는 고양이가 물고 있던 열쇠를 받아 서랍에 넣는다. 목도리 속에 실타래처럼 말린 몸에서 손목시계를 끌러 팔걸이에 떨구며 안락의자에 앉았다.
　선반 위의 고장난 시계들이 왁자지껄 노파를 에워쌌다. 금세 잠이 든 노파를 펼쳐놓고 사슬뜨기가 좋을까 고무뜨기가 좋을까 수군거렸다.

노파의 윤곽이 합의되자 고양이는 재빨리 노파의 손을 흔들었다. 고장난 시계들이 안락의자를 꿰찼고 노파의 배꼽에서 풀려나간 털실은 앙상한 새들을 끝까지 삼켰다.

지퍼
— 관계에 대한 고집

초인종이 울린다.

여기 앉아 스웨터를 뜨던 남자를 찾으러 왔소
(남자가 가리키는 손가락 끝에서 노란 소파는 우물거리며 지퍼를 열었다.)
그는 이미 여기 없어요 그런데 오른손에 든 건 뭐죠?
그를 찾으면 넣을 상자요 볕 잘 드는 곳으로 데려갈 거요
스웨터를 다 뜰 때까진 이곳에 머물 거라 했는데…여기 앉아 비디오를 너무 많이 봤어요
잠시 들어가 살펴봐도 될까요
좋을 대로 하세요 어차피 당신은 노루를 쫓는 사냥꾼인걸요
(남자는 소파에 앉아 팔걸이의 얼룩을 가리킨다.)
이 핏자국은 무언가요?
그는 아침마다 앵두알 같은 코피를 쏟았어요
엘리베이터를 타고 와서 잘 몰랐는데 당신의 창문

은 낭떠러지 같군요

그는 창밖을 자꾸 내다보곤 했지만 창문을 열진 않았어요 고소공포증이 심한 소파는 창가엔 얼씬도 하지 않았구요

지퍼로 말을 하는 당신은 침묵에도 유능하겠죠?

지퍼는 은폐를 위해서가 아니라 당신에게 추억할 자유를 주기 위한 틈새이지요

사실 난 그의 인상착의를 잊었어요 그를 추억하러 온 게 아니라 이 집에서 꺼내주러 왔지요 지난겨울 복도를 지나다 비명 소릴 들었거든요

이 집에 남아 있는 건 없어요 당신이 들은 건 그의 비명도 소파의 울음도 아니고 당신의 독백일 뿐이죠 당신은 그를 오래 지켜보아서 잘 알기도 하지만 너무 모르기도 해요

초인종이 울린다.

이곳에 상자를 들고 온 사람을 찾으러 왔소

(남자가 가리키는 손가락 끝에서 노란 소파는 우물거리며 지퍼를 열었다.)

그는 이미 여기 없어요 그런데 왼손에 든 건 뭐죠?

그를 찾으면 씌워줄 우비요 밖엔 폭우가 퍼붓고 있지요

무슨 흔적을 찾을 때까진 이곳에 머물 거라 했는데… 여기 앉아 너무 많은 질문을 했어요

잠시 들어가 쉬어도 될까요

좋을 대로 하세요 어차피 당신은 덫에 걸린 노루인걸요

(남자는 소파에 앉아 팔걸이의 얼룩을 가리킨다.)

이 핏자국은 무언가요?

그는 입을 열 때마다 찢어지도록 혀가 꼬였어요

엘리베이터를 타고 와서 잘 몰랐는데 당신의 창문은 낭떠러지 같군요

그는 창밖을 보며 어지러워했지만 창문을 활짝 열곤 했어요 유리공포증이 심한 소파는 창가엔 얼씬도 하지 않았구요

지퍼로 말을 하는 당신은 침묵에도 유능하겠죠?

지퍼는 정지를 위해서가 아니라 당신에게 망각할 자유를 주기 위한 틈새이지요

사실 난 그의 인상착의를 몰라요 그를 망각하러 온 게 아니라 이 집에서 꺼내주러 왔지요 간밤에 복도를 지나다 신음 소리 들었거든요

이 집에 남아 있는 건 없어요 당신이 들은 건 그의 신음도 소파의 한숨도 아니고 당신의 독백일 뿐이죠 매일 밤 복도를 지나는 당신은 고집스런 변장술사 이긴 이야기는 3인칭들의 끝말잇기놀이 지난겨울에 끝난 것일 수도 있고 아직 시작되지 않은 것일 수도 있죠 지퍼는 톤을 바꾸어가며 왜 말들을 반복하는 걸까요 소파는 왜 자신을 나라고 부르지 않고 소파라고 부르는 걸까요 **침묵의 음역에 도달할 때까지 우리의 노이즈는 계속됩니다**

초인종이 울린다.

관계의 고집

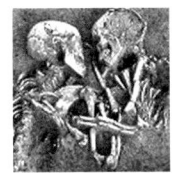

그들의 죽음이 태어난 날.
내 주머니에서 폭죽을 털어 산파들은 떠나고
아랫배를 울리는 자명종 소리에
가위를 꺼내 나 혼자 배꼽을 지지는 텅 빈 거리,
때가 탄 케이크에 수십 개의 내 얼굴이 꽂히고
나프탈렌 같은 촛불이 켜졌다.
둘이서 촛불을 끄는 그들은 누가 뭐래도 연인.
목조르지 않고는 멈출 수 없느니.

* 사진은 '발다로의 연인'이라 불리는 신석기시대 남녀의 유골.
  이탈리아 북부 발다로 유적지에서 발굴(2007. 2. 5).

|해설|

어제의 상처, 오늘의 놀이, 내일의 침묵

신 형 철

당신의 비밀

"영혼을 가진다는 것은 비밀을 가진다는 것을 의미한다" (파스칼 키냐르, 『은밀한 생』, 문학과지성사, 2001, p.93). 이런 문장이 우리를 놀라게 하지는 않는다. 놀라운 것은 그 다음 문장이다. "결론. 영혼을 가지고 있는 사람은 거의 없다." 이것은 부당한 결론처럼 보인다. 비밀이라면 나에게 얼마든지 있지 않은가. 그러니 나에게도 영혼이 있어야 하지 않은가. 그러나 키냐르의 단호한 '결론'은, 해변의 글자들을 지워버리는 파도처럼, 우리의 자질구레한 비밀들을 단숨에 쓸어가버린다. 그리고 이렇게 말한다. 영혼의 증거가 될 만한 고귀한 비밀은 드물다,라고. 그러고 보면 내가 나의 비밀들이라 믿어온 것들은 얼마나 진부

한 것인가. 나의 비루한 비밀들이 끝내 지켜져야 하는 이유는 내 영혼의 진부함이 세상에 밝혀져서는 안 되기 때문인지도 모른다. 이제 우리가 고귀한 비밀을 가진 사람들에게 매혹되는 까닭을 알겠다. 그들은 "영혼을 가지고 있는" 드문 사람들이기 때문이다. 그렇다면 우리가 들을 수 있는 가장 비참한 말은 '나는 너의 비밀을 알고 싶지 않다'가 될 것이다. 그 말은 아마도 '나는 너에게 영혼이 있다고 믿을 수가 없다' 혹은 '너에게 영혼이 있다 하더라도 나는 그것에 관심이 없다'는 뜻일 테니까. 비밀을 갖는다는 것 혹은 영혼을 갖는다는 것은 쉬운 일이 아니다.

키냐르의 문장을 이렇게 바꿔볼 수 있을까. "한 편의 시가 영혼을 가진다는 것은 비밀을 가진다는 것을 의미한다. 결론. 영혼을 가지고 있는 시는 거의 없다." 진정으로 비밀을 갖고 있는 시는 많지 않다. 우리 비평가들이 놀라는 척하면서 밝혀내는 시의 비밀이란 대개 소박한 것들이다. 이미 밝혀낸 것만을 비밀로 인정한다. 끝내 비밀을 드러내지 않는 시에는 '소통불능의 난해시'라는 딱지를 붙이고 서둘러 떠난다. 그 딱지에는 '나는 너에게 영혼이 있다고 믿을 수가 없다'고, '너에게 영혼이 있다 하더라도 나는 그것에 관심이 없다'고 씌어져 있을 것이다. 물론 미숙한 사람이 난해한 사람으로 보일 수 있듯 시도 그럴 수 있다. '미숙해서 난해한' 시들에 속아서는 안 된다. 그러나 비밀을 품고 있는 시들을 미숙해서 난해한 시로 오해해서도 안 된다. 그래서 '난해시'라는 말은 서글프다. 그 말에는 어딘가 '포기'의 냄새가 난다. 그 말을 사용하는 사람은 포기하고 있으면서 오히려 이기고 있다고 생각하는 것일까. 이렇게 생각한다. '누군가를 포기할 자격이 있는 사람은 그를 위해 최선을 다한 사람뿐이다. 결론. 최선을 다하는 사람은 거의 없다.' 이제 이민하의 두번째 시집을 읽어보려 한다. 우리는 하나의 비밀, 하나의 영혼 속으로 들어간다. "사랑하다, 즉 책을 펼쳐놓고 읽다"(키냐르, 같은 책, p.220). 그렇다면 지금 우리는 하나의 사랑 속으로 들어간다.

문(門)으로서의 시

한때 우리는 이민하의 시의 비밀 중 하나가 "주체도 대상도 없는" 이미지들에 있다고 생각했었다. "주체가 없다는 것은 그 이미지들의 연관을 붙들어 매주는 서정적 자아의 통일된 목소리가 존재하지 않는다는 것을, 대상이 없다는 것은 이미지가 지시하는 대상이 불분명하거나 말소되어 있어서 이미지를 다른 그 무엇으로 환원할 수 없다는 것을 의미한다"(졸고, 「앓는 세대의 난경과 난무」, 『문예중앙』 2006년 봄호). 저 문장은, 주체도 대상도 없는 이미지들이 있다, 왜 그래서는 안 된단 말인가, 라고 말하고 있다. 그래서는 안 된다고 생각한 사람들이 의외로 많았다. '환상시'라는 딱지를 붙이고는 하나의 비밀 혹은 영혼에 당당히 등을 돌리는 이들이 있었다. 주체도 대상도 없(어 보이)는 이미지들을 모조리 '환상'이라 명명하는 것은 마치 현대미술의 다채로운 이미지들을 모두 '환상'이라고 간주하는 것과 다를 바 없는 태만이다. 첫번째 시집에서 마그리트, 오딜롱 르동, 벡신스키 등의 미술가 들과 교감했던 이 시인에게 '환상시'라는 명칭은 너무 좁아 숨이 막히는 이름이었을 것이다. 그에 대한 시인 자신의 답변처럼 보이는 시가 있어 가장 먼저 옮겨 적는다.

1

허공에 커다란 손 하나가 걸려 있다.
팔이 연결돼 있지 않으므로 무엇이 그것을 지탱해주는지 보이지 않는다.
다만, 꿈틀, 핏발을 모두 한끝으로 모은 검지손가락이 끊임없이 흔들리고 있다.

2

나는 1을 만든 사람이다. 〔……〕
나는 나의 이름을 에이치로 할까 엠으로 할까 하다가 나로 부르기로 마음먹는다.

'나'는 누구나 가질 수 있는 동등한 닉네임이다.

3

　복잡하거나 어려운 건 없습니다. **손가락은 지시가 아니라 암시입니다.**　　　—「문제작」 부분 (강조는 시인)

　창작자는 작품을 통제할 수 없다. 작품이라는 결과는 창작자의 의도를 초과할 수 있고, 수용자의 해석은 그 결과를 또 한 번 뛰어넘는다. 이것은 즐거운 이중의 배반이다. 어떻게 통제할 것이며 통제해서 뭐하겠는가. 창작자가 자기의 작품을 해명하는 일은 그 불가능하고 무익한 통제를 시도하는 일이 되기 십상이다. 그 일을 해야 할 때처럼 곤혹스러운 때도 없을 것이다. 이 시는 그 곤혹스러운 작업의 한 사례로 읽힌다. 시인은 자신의 시를 '허공에 걸려 있는 조각상'(검지손가락)과 같은 것이라고 말한다. 그녀는 그 조각을 배달하고 설치한 사람일 뿐, 어떤 이름으로 불리건 상관없다고도 한다. 시에서 '나'란 하나의 "닉네임"일 뿐이기 때문이다. 요컨대 시를 시인에게로 환원하지 말라는 주문일 것이다. 좋다, 그렇다면 '손가락'이 뜻하는 바는 무엇인가? "복잡하거나 어려운 건 없습니다. **손가락은 지시가 아니라 암시입니다.**" 지시는 '대상'을 전제하고 그것으로 환원되지만, '암시'는 무한대의 대상으로 열려 있다. 손가락이 지시하는 것을 찾지 말고 손가락 자체가 암시하는 바를 음미하라는 뜻으로 읽힌다. 요컨대 시를 지시대상으로 환원하지 말라는 뜻이다. 이 정도만으로도 시인의 '입장'은 어지간히 표명된 듯하다. 그러나 수용자들은 만족하지 않을 것이다.

이어지는 대목(4절~7절)에서 시인은 수용자와의 직접 토론에 나선다. 허공에 걸려 있는 손가락을 살피던 이 하나가 투덜거린다. "아무것도 없군." 암시가 아니라 지시로 읽으려 했기 때문에 아무것도 보지 못했다. 그래서 시인은 "당신은 한층 가벼워져야 하리"라고 충고한다. 수용자는 다시 따진다. "가리키는 것이 눈에 띄지 않고 뜯어볼 수가 없어요. 결정적으로 용도가 없어요." 지시대상을 찾을 수 없고 분석이 불가능하며 쓸모가 없다는 지적이다. 시인은 좀 짜증이 난 것 같다. "빛과 합창으로 세공된 당신의 취향은 어눌한 나의 혀보다 짧군요." 합리주의("빛")와 통념("합창")으로부터 벗어나라는 힐난이다. 그리고 시인의 당부가 이어진다. "손가락 끝을 보지 말고 그걸 둘러싼 허공"을 보세요, 그 허공을 지나가는 "바람의 요리"를 즐기세요. 이는 '지시가 아니라 암시'라는 설명의 변주다. 이어 시인은 수용자들의 오독을 "추적하거나 관여하지" 않겠다는 입장을 피력한다. "사람들의 표정과 목소리는 다양할수록 진짜인 법"이니까. 이제 결론이다. "당신은

文을 제작하는 사람./나는 門을 제작하는 사람." 작품은 수용자가 들고나는 문(門)이다. 어디에서 왔건 어디로 가건 다 좋다. 다음은 미지의 독자들에게 보내는 초대장. "우리의 소통은 일치하지 않는 데서 사용되며, 당신은 이미 문을 통한 산책을 시작했다."

이 시에서 네 가지 명제를 추려낼 수 있다. 첫째, '나'는 닉네임이다. 둘째, 지시가 아니라 암시다. 셋째, 작품은 하나의 문(門)이다. 넷째, 그 문에 대한 반응은 다양할수록 진실하다. (이 명제들은 어딘가 익숙하다. 우리가 동시대 미술작품 앞에서 어리둥절해 있을 때 미술가들이 흔히 하는 조언과 닮아 있질 않은가. 이 시인은 자신의 시가 미술작품처럼 감상되기를 원하는 것일까. 그것도 한 가지 방법일 것이다.) 이 명제들이 너무 친절하지 않아서 오히려 다행이다. 시인이 직접 자신의 작업에 대해 이야기하고 있지만 다행스럽게도 비밀을 누설하지는 않았다. 그저 비밀을 비밀로 즐기는 방법을 제안하고 있을 뿐이다. 그 방법의 핵심을 세번째 명제에서 찾을 수 있을 것 같다. 작품은 하나의 문이라는 것, 지금 당신이 읽고 있는 것은 '문으로서의 시'라는 것. 그 문으로 들어가면 아마도 시(인)의 비밀을, 그 비밀로 만들어지는 시(인)의 영혼을 만날 수 있으리라. 그러고 보니 이 시인은 첫번째 시집(『환상수족』, 열림원, 2005)의 처음과 끝에 각각 「열리는 문」과 「닫히는 문」이라는 제목의 시를 놓아두었었다. 이번 시집에서 가장 생기발랄한 시 중 하나인 「구름표범나비」에서는 예의 '문(門)으로서의 시'에 대한 사유를 이렇게 구체화시켜 놓고 있다.

> 살이 벗겨지도록 일광욕을 하며 기린초의 꿀을 빠는
> 노란 입술 빨간 종아리
> 울긋불긋 이름이 많은 나를 부르며 목이 쭉쭉 늘어나는
> 너를 기린이라 부를래
> 그러면 너는 흑마술 같은 울음
> 바늘이 되어 나의 이름에 꾹꾹 **文身**을 하는
> 너를 자꾸 통과하며 **門身**이 되는
> 나는 죽어서도 구름표범나비
> 표본실에 묻혀 사각사각 날개를 펴고 접으며
> 찍을 테면 찍어봐! 포즈를 바꾸며
> ——「구름표범나비」 부분 (강조는 인용자)

구름표범나비라는 이름의 나비가 있다. 바깥쪽 무늬는 표범 같고 안쪽 무늬는 구름 같다. 시의 앞부분에서 "몸을 펼치면 표범" "앉으면 구름"이라고 적어놓은 대로다. 제 몸에 셋 이상의 정체성(구름+표범+나비)을 동시에 갖고 있는 생명체의 매력이 이 시를 쓰게 했을 것이다. 시인은 '나는 너를 ○○라고 부를래, 그러면 나는 □□'와 같은 형식의 구문으로 시의 전반부를 구성했다. 이 구문에 담겨

있는 욕망은 이런 것이다. 어째서 우리는 다른 무엇이 되지 못하는가, 왜 늘 '너'이고 '나'여야 하는가, 이 정체(停滯)가 관계를 불모의 것으로 만들지 않는가, 너(나)가 변하면 나(너)도 변하는 그런 역동적인 관계가 될 수는 없는 것일까…… 이것은 우선 이상적인 연애의 어떤 가능성을 꿈꾸는 노래이겠지만, 창작자와 수용자 사이의 역동적인 상호 관계를 꿈꾸는 작품으로도 읽힌다. "당신은 文을 제작하는 사람./나는 門을 제작하는 사람"(「문제작」)이라는 구절이 여기서는 "나의 이름에 꾹꾹 **文身**을 하는/너를 자꾸 통과하며 **門身**이 되는 나"로 변용돼 있다. 너는 내게 문신(文身)을 새기려하지만 나는 문신(門身)이 되어 너를 빠져나간다. 이렇게 빠져나가면서 이민하의 시는 비밀을 품고 영혼을 얻는다. 이것은 즐거운 일이라고, 이 시의 발랄한 어조는 말하고 있다. 자, 이것으로 이민하의 시를 읽을 준비는 끝난 것일까?

자유의 위장

주체도 대상도 없는 듯 보이는 이미지들이 구름표범나비처럼 날아다니면서 문(門)으로서의 시를 만든다. 이것이 이민하의 시라고, 일단은 말할 수 있다. 이런 작업이 무(無)에서 생겨나지는 않았을 것이다. 그녀의 첫번째 시집이 보여준 대로 이는 우선 현대미술의 자유분방한 이미지들과 교감한 결과이고 더불어 한국시사에서 한 영역을 차지해온 어떤 경향을 더 강하게 밀고 나간 사례다. 김춘수는 '비유적 이미지'와 '서술적 이미지'라는 그 자신의 구분법과 관련해 이런 말을 한 적이 있다. "분명히 관념을 위하여 씌어진 비유적 이미지인데도 관념을 보지 않고 이미지만을 보려는 경우가 있듯이, 분명히 이미지만을 위하여 씌어진 이미지〔서술적 이미지─인용자〕인데도 관념을 보려고 하는 경우가 있을 수 있다. 전자의 경우에는 시를 시로서 대한다는 하나의 입장이 될 수가 있지만, 후자의 경우는 산(酸)의 분비가 너무 지나쳐 종내는 시 그것을 갉아먹게 되어 시를 병들게 할 위험이 있다"(『의미와 무의미』, 문학과지성사, 1976). 서술적 이미지조차도 '관념'으로 환원해야만 안심하는 수용자의 버릇은 한국문학사의 주류를 형성해온 '재현의 기율'의 산물이다. 선배 시인은 '이미지를 위한 이미지'를 말하면서 반(反)재현의 세계를 엿보았다. 후배 시인의 입장이 그 흐름 속에 있을 것이다. 그 흐름을 더 밀고 나가서 '주체도 대상도 없는 이미지'의 세계에 도달한 것일지도 모른다. 과연 그럴까?

"이미지를 서술적으로 다룬 시들 중에는 대별하여 두 개의 유형이 있다. 그 하나는 대상의 인상을 재현한 그것이고 다른 하나는 대상을 잃음으로써 대상을 무화시킨 결과 자유를 얻게 된 그것이다. 〔……〕 그러나 이 경우에도 완전한 자유에 도달하였다고 말하기는 어려울 것 같고, 비교적 자유에 접근해간 경우가 있었다고 해야 할는지 모른다. **자유를 위장해서라도 대상으로부터 자유로워지고 싶어 하는 그런 경우**가 훨씬 더 많은지도 모른다. 이런 사정들을 식별하기란 매우 어려운 일이다. 그것은 시인의 창작 심리와 밀접한 관계가 있기 때문이다."(같은 책, 강조는 인용자)

서술적 이미지를 더 밀고 나가면 대상이 무화되고 이미지가 '자유'를 얻게 된다는 설명은 논리적으로 납득할 수 있다. 미술에서 그것은 절대적인 추상에 해당할 것이고, 시에서 그것은 바로 김춘수 자신의 '무의미시'에 해당할 것이다. 그러나 선배 시인은 자유에 도달한 것처럼 보이는 것들 중에는 '자유를 위장한' 경우도 있을 수 있다는 지적을 빠뜨리지 않는다. 요컨대 '완전한 자유'와 '위장된 자유'가 있다. 필자의 말대로 이를 구별하는 것은 어려운 일이겠지만 그렇다고 불가능하지는 않을 것이다. 그리고 여기서 한 걸음 더 나아가자. 우리는 (미술에서는 어떨지 모르나 적어도 시에서는) '완전한 자유'가 시의 바람직한 상태라고 생각하지 않는다. 다시 키냐르의 문장을 활용하자면, 완전한 자유의 시에서 비밀은 '완전한 비밀'이 되어버리기 때문에 더 이상 비밀이 될 수 없다. 비밀은 최소한 비밀이 존재한다는 단서를 누설할 때에만 비밀이 된다. 완전한 비밀은 비밀이 존재한다는 사실 자체를 무화시켜버리기 때문이다. 거기에서는 '영혼'을 감지하기 어렵다. 김춘수의 경우에도 비슷한 말을 할 수 있다고 믿는다. 우리는 무의미시의 단계로 진입한 이후의 김춘수보다는 의미와 무의미의 경계에서 비밀과 영혼을 품고 있었던 60년대의 김춘수가 더 아름답다고 생각한다. '완전한 자유'를 꿈꾸되 그곳에 도달하지 못하고 '위장된 자유'로 남을 때 시는 가장 아름다울 수 있는 것이 아닐까. 어쩌면 시는 '자유의 위장' 그 자체가 아닐까.

그렇다면 이민하의 경우는 어떨까. 우리는 한때 '주체도 대상도 없는 이미지'를 말하면서 그녀의 시가 완전한 자유에 도달한 것처럼 말했고, 그녀 역시 「문제작」에서 유사한 의견을 피력했다. 그렇게 보이는 때가 분명히 있다. 그러나 그녀의 시가 가장 좋아지는 때가 반드시 그런 때인 것 같지는 않다. 오히려 "자유를 위장해서라도 대상으로부터 자유로워지고 싶어 하는" 내면의 움직임이 나타날 때, 그래서 대상을 희미하게나마 거느릴 때 그녀의 시는 더 아름다워진다. 그녀의 좋은 시들에서 이미지들은 그저 암시이기만 한 것이 아니라 지시와 암시의 경계에 있다. 철저히 반재현의 세계에 있기만 한 것이 아니라 재현과 구축의 경계에 있다. 완전한 자유에 도달한 것처럼 보일 때에도 위장된 자유의 흔적을 또한 거느린다. 주체도 대상도 없는 세계가 아니라 주체와 대상이 희미하게 숨겨져 있는 세계다. 이를 이렇게 일반화할 수 있을 것이다. 좋은 시는 지시와 암시의 틈, 재현과 구축의 틈, 대상과 비대상의 틈, 위장된 자유와 완전한 자유의 틈에서 씌어진다, 라고. 요컨대 좋은 시는 있는 세계와 있어야 할 세계 사이에서 씌어지는 것이다. 그렇다면 시를 읽는다는 것은 무엇인가. 위장의 방법론과 은폐된 대상을 이해하는 일이다. 이민하의 시에서 나타나는 위장의 방법론을 '놀이'로, 은폐된 대상을 '상처'로 명명해보려고 한다. 이 둘에 대해서 차례로 말하자.

오늘의 놀이

이민하의 '놀이'가 전제하고 있는 것들을 먼저 짚는다. 그녀는 진술보다는 묘사에 몰두한다. 묘사를 두 종류로 나눌 수 있다. 대상을 충실히 재현하는 묘사와 왜곡하고 변용하는 묘사. 전자는 진술을 보조하는 종속적 묘사이고 후자는 진술로부터 자유로운 독자적 묘사다. 전자에 몰두하는 시인들은 '이 세계'에 대해 모종의 입장을 표명하겠다는 욕망으로 쓴다. 후자에 몰두하는 시인들은 '다른 세계'를 창조하겠다는 욕망으로 쓴다. 이민하는 상대적으로 후자에 가깝다. 그녀는 진술하기보다는 묘사하고, 대상을 왜곡하고 변용하기를 즐기며, 그를 통해 '다른 세계'를 창조하기를 원한다. 이런 전제 위에서 그녀의 놀이가 시작된다. 그 놀이의 제1단계는 '말놀이'다. 이 시인은 거의 본능적이다 싶을 정도로 소리가 같은(비슷한) 글자들을 활용하기를 즐긴다.「천국의 i들」「개랑 프라이」「유재河」「移死 前夜」등이 대표적이다. 얼핏 유치할 수 있는 이런 말놀이들은 왜 필요한 것일까. 시인들이 갖고 있는 것은 언어뿐이다. 그래서 시인들이 '다른 세계'를 건축하기 위해서는 먼저 '이 세계'를 '실재'가 아니라 언어로 '구성'된 것이라 간주하지 않으면 안 된다. 그럴 때 말놀이는 말들의 질서를 비틀어 말들로 구성된 '이 세계'의 주춧돌 하나의 위치를 슬쩍 바꿔놓는 일이 된다. 말놀이는 세계건축의 기초공사다.

>휴지통에 버려진 상반신과 하반신을 용접하고
>난 변신이 빠르다.
>
>진짜 내 몸은 껍. 데. 기. 털갈이를 하듯
>비워낸 내장을 새로 끼우기 위해
>
>당신이 잘근잘근 씹기 전에
>난 이미 씹을 만큼 씹었다.
>**땡볕에 익은 반숙의 살덩이를**
>개랑 사이좋게 나누어 먹는 두 개의 혀.

당신이 지글지글 지지기 전에

내가 먼저 지질 만큼 지졌다. 짖을 만큼 짖었다.

　　　　　　　　　——「개랑 프라이」 부분

　'개랑 프라이'는 물론 '계란 프라이'의 말놀이다. 이 최초의 놀이는 우발적이었을 가능성이 높다. 그러나 '개랑 프라이'라는 말이 '개랑(개와) 프라이를 먹는 사람'으로 변용되는 순간, 그리고 계란 프라이 요리의 현장을 계란의 목소리로 말해보겠다는 엉뚱한 착상이 발생하는 순간, 이 시는 주도면밀한 계산의 산물이 된다. 신선한 첫 문장이 그렇게 씌어졌다. "당신이 툭, 깨뜨리기 전에/난 이미 깨질 만큼 깨졌다." 덕분에 "껍데기 안에 멍든 살이 고여 있지만/난 감각이 빠르다"(흰자와 노른자가 껍데기의 틈으로 빠져나오는 순간이다), "껍데기를 빼앗기고 바닥에 감염되었지만/난 용서가 빠르다"(흰자와 노른자가 프라이팬으로 흘러내리는 순간이다), "휴지통에 버려진 상반신과 하반신을 용접하고/난 변신이 빠르다"(쪼개진 두 껍질이 포개어져 쓰레기통에 버려지는 순간이다)와 같은 번득이는 구절들이 씌어질 수 있었다. 이어 "진짜 내 몸은 껍. 데. 기."에 도달하면서 계란의 본질이 흰자와 노른자에 있다는 상식적인 생각이 전복된다. 이윽고 '당신과 나'의 대립이 앞으로 나서면서 이 시는 자연스럽게 깨뜨리는 자(지지는 자)와 깨지는 자(지겨지는 자)의 구도를 얻게 되고, 인간관계 일반의 어떤 부정적 양상을 우의적으로 형상화하는 데 이른다. 하나의 말놀이에서 한 편의 시가 탄생하는 과정을 이 시를 통해 확인할 수 있다.

  '말놀이'에서 더 나아가면 놀이의 층위가 시 전체로 번져나간다. 그녀가 한 편의 시 안에서 단어, 문장, 연과 행의 패턴에 이르기까지 얼마나 집요하게 반복과 변주를 시도하는가를 증명하는 사례는 일일이 예를 드는 게 무의미할 정도로 많다. 그것은 거의 체질적인 것처럼 보인다. 이 반복과 변주는 우선 더러 산문의 형태를 취하는 그녀의 시가 산문 쪽으로 탈선하지 않게 막는 기능을 한다. 그러나 더 중요한 것이 있다. 그 놀이가 시의 '구조'를 만드는 핵심 동력이라는 점이다. 본래 놀이는 무질서한 대상들에 일정한 구조를 부여하는 일이고, 모든 예술적 충동의 근원에는 그와 같은 구조에 대한 욕망이 있기는 하지만, 그렇다고는 해도 이민하의 시에서 구조에 대한 집착은 거의 강박적인 데가 있다. 과감하게 말하면 이민하의 시에서는 어떤 전언이 있고 그에 적합한 구조가 뒤따르는 것이 아니라, 구조 자체가 하나의 목적으로 설정돼 있는 것처럼 보인다. '시작(詩作)=구조=놀이'라는 등식이 작동하고 있다고 해도 좋다. 더 나아가 '놀이' 그 자체가 하나의 시적 성찰의 대상으로 상승하는 경우도 있다. 2부에 수록돼 있는 여섯 편의 '놀이' 연작이 그것이다. 두 편을 옮긴다.

그대여 싹둑 눈을 감아요 싹둑 눈을 떠요 싹둑 나풀나풀 찢어진 눈을 깜박거리며 나는 화단에 발을 묻고 전지가위로 앞머리를 자릅니다 아침을 꾸역꾸역 입에 넣다가도 딱딱하게 굳은 배꼽을 만지다가도 우두커니 양철가위로 앞머리를 자릅니다 꿈꾸는 밤마다 가위에 눌리지 않으려고 불철주야 이마를 가위에 눌리며 싹둑싹둑 거울 없이 거울도 없이 나풀나풀 앞머리 없이 앞머리도 없이 ──「가위놀이」 부분

가면을 수십 개 바꿔 쓰는 나는 그들의 상상 속에 이미 없어요
나는 너무 끝없이 자라고
해가 지고 있다고 손목시계를 들여다보며 당신이 보채는 사이에도
몇 개의 가면이 내 얼굴을 스쳐갔는지 몰라요
입을 맞춰도 소용없어요
가면을 버리고 당신은 너무 빨리 늙어버렸는걸요
벽돌처럼 굳어버린 얼굴엔 악몽조차 기웃거리지 않는걸요
물론 이건 사라지는 고백 ──「가면놀이」 부분

'놀이' 연작에서 읽을 수 있는 것은 '호모루덴스'에 대한 인류학적 성찰이 아니다. 그녀의 놀이는 슬프다. 하지 않으면 견딜 수가 없어서 하는 놀이들이다. 앞의 시는 꿈속

에서 '가위'에 눌리기 때문에 '가위'로 앞머리를 자른다는 말놀이에서 출발한다. 화자는 가위에 눌리는 이유가 앞머리 때문이라고 생각한다. 앞머리를 자르기 위해서는 거울이 필요하고 거울을 매달기 위해서는 망치가 필요하다. 망치질 소리에 화가 난 이웃들이 거울을 모조리 빼앗아 간다. "꿈속의 잠망경까지 빼앗긴 나는 깜깜하게 가위에 눌립니다." 고통은 소통되지 않고 치유는 점점 병리적인 놀이가 되어간다. 자르지 못한 앞머리가 눈을 찔러 피눈물이 흐르고 급기야 전지가위로 앞머리를 자르기 시작한다. 아직도 자를 머리가 남아 있는가. "싹둑싹둑 거울 없이 거울도 없이 나풀나풀 앞머리 없이 앞머리도 없이." 이제 '가위놀이'라는 제목을 다시 읽으면 비릿한 슬픔이 배어나온다. 뒤의 시는 어쩌면 놀이동산에서 엄마를 잃어버린 아이가 영원히 그곳을 떠나지 못하고 슬픈 전전을 거듭하는 이야기일지도 모른다. 화자는 '가면'을 가지고 논다. 내가 누구인지 알 수 없어서다. 그래서 온갖 가면을 바꿔써가며 그 상황을 놀이로 (이렇게 표현할 수 있다면) '승화'시킨다. 도대체 이런 놀이들은 왜 필요한 것일까.

상처의 구조

상처 때문이다. 우리는 한 아이의 유명한 놀이를 알고

있다. 18개월 된 아이가 실이 감긴 실패를 저만치 던져 사라지게 한 다음 "오(o)-"라는 소리를 내고, 실패를 다시 당겨 나타나게 한 뒤에는 "다(da)-"라는 소리를 내며 놀았다. 손자를 지켜보던 할아버지는 "오"가 'fort(가버린)'를, "다"가 'da(거기에)'를 뜻하는 것이 아닌가 생각한다. 그렇다면 이것은 '사라짐과 돌아옴'의 놀이, 어머니가 아이를 떠났다가 다시 돌아오는 상황을 놀이화한 것이 아닌가. 아이는 "자신의 경험을 놀이로 바꿨다"(프로이트, 「쾌락원칙을 넘어서」). 프로이트의 포인트는 '어머니의 사라짐'이 아이에게 결코 행복한 경험이 아님에도 불구하고 그 '고통스러운 경험의 반복'이 왜 일어나는가를 묻고 쾌락원칙을 넘어서는 죽음충동의 존재를 입증하는 데 있었지만, 지금 우리의 포인트는 아이의 놀이가 상처의 산물이라는 점을 음미하는 데 있다. 상처는 왜 놀이를 낳는가. "처음에 아이는 '수동적인' 상황에 있었다. 놀이로 그것을 반복함으로써 아이는 '능동적인' 역할을 취하게 되었다"(같은 글). 수동적으로 겪은 상처를 능동적으로 극복하기 위해서다. 어떤 상처인가. 이 질문은 '자유의 위장'이 은폐한 것은 무엇인가를 묻는 질문이다. 이 질문을 던지지 않으면 우리는 이민하의 시에서 '놀이'라는 표면만을 스쳐 가게 된다. 시집에 묶여 있는 시들을 보건대 이 상처에는 몇 개의 다른 층위가 있는 것 같다. 상처의 첫번째 층위는 '유년'이다.

지루한 낮잠에서 깨어 기지개를 켜고 있을 때
안녕. 새장 속으로 친구 윌리가 날아왔다.
페트라와 윌리는 유일한 모이인 사랑을 나눴다.
머리에서 꼬리까지 다정하게 서로의 쓸모없는 깃털을 뽑아주었다.
이건 장난일 뿐이야. 새장이 세상 밖이듯 우린 죽음 너머에 있지.
페트라가 뼈대만 남은 날개를 휘두르자
윌리는 빨갛게 상처를 벌린 채 바닥에 눕혀졌다.
천진난만한 인내심으로 페트라는 윌리의 숨이 끊어질 때까지 기진맥진 쪼아댔다.
우린 지루한 꿈을 꾸고 있는 거야. 이건 장난일 뿐이야.
―「비둘기 페트라」 부분

동물학자 콘래드 로렌츠의 실험이 소재가 되었다. 전하는 바에 의하면 로렌츠는 암컷 비둘기 페트라와 수컷 비둘기 윌리를 새장 안에 넣어놓고 둘의 반응을 관찰했다 한다. 예상과는 달리 두 비둘기는 '평화의 상징'이라는 이름에 걸맞은 모습을 보여주지 않았다. 페트라가 윌리를 잔혹하게 쪼아 죽였던 것. 페트라의 잘못이 아니다. 폐쇄된 공간에서 비둘기들은 그렇게 행동할 수밖에 없는 본능을 갖고 있으니까. 이 시에 어쩐지 시인의 유년기 체험이 섞여 들어가 있는 것이 아닌가 하는 생각이 든다. 로렌츠의 실험을 연대기 형식의 이야기로 재구성한 것이 우선 예사롭지가 않다. 게다가 이 비둘기들은 스스로 새장 안에 들어가지 않았다. 이 모든 것은 로렌츠라는 '아버지'의 기묘한 사육이 초래한 비극이었으니까. 그래서 "우린 지루한 꿈을 꾸고 있는 거야. 이건 장난일 뿐이야"라는 문장에서는 고통스러운 천진난만함 혹은 천진난만함의 고통스러움이 느껴진다. 우리의 잘못이 아니라는 것, 우리는 아무것도 몰랐으며 그저 본능이 시키는 대로 했을 뿐이라는 것. 이것은 훼손된 유년을 회상하는 이의 절규처럼 보인다. 아닌 게 아니라 이 시집에는 유년의 기억을 재구성한 시들이 더러 보인다. 그리고 그 시들은 대개 동화의 어투를 취하면서 어떤 상처를 뒤로 숨긴다. 그것은 유년의 상처를 극화해서 능동적으로 재구성하는 놀이일 것이다. 상처의 두 번째 층위는 '타자'다.

[……] 허기와 요리의 접경인 허리에서 살과 살은 섞이네. 불어나는 허리 아래 뒤축 닳은 구름. 당신의 부피가 죽이는 것들. 당신은 너무 별처럼 헤퍼. 당신이 모은 눈물은 밤마다 화려해서 식도를 토해내는 소화불량. 부드러운 뼈대를 혁대처럼 날려봐. 섬세한 그림자의 각도. 관절마다 따뜻한 어둠의 유배. 골격만으로 울음을 우는 사람을 만나면 연애를 할 테야. 뼈끝에서 비눗방울처럼 톡 톡 부서지는 눈

물. 뼈와 뼈가 다리를 포개고 뼈와 뼈가 잔을 들고 창을 바라보네. 온몸의 창살은 육질의 우리를 안으로 밀어 넣고 내장 같은 아침을 게우네.　　　　　　──「거식증」 부분

　우리가 누군가를 불편해한다면 그것은 그들의 욕망을 이해할 수 없어서이기도 하다. 그때 어떤 시는 놀라운 직관으로 그 욕망을 포착한다. 이를테면 '거식증자'들의 욕망은 무엇인가. 이 시는 거식증자에 매혹되어 있는 화자를 내세워 그 화자의 욕망을 드러내는 방식을 택해 거식증의 심층으로 유려하게 들어간다. 인용하지 않은 도입부에서 화자가 거식증자들을 "골격만으로 표정을 짓는 사람들"이라고 매력적으로 명명하는 순간 우리는 새로운 세계로 접어들게 된다. 이어 시인이 묘사하고 있는 것은 몽환적인 성찬의 풍경. "허기와 요리의 접경인 허리에서 살과 살은 섞이네." 허기와 요리가 합쳐져서 '허리'가 된다는 식의 말놀이가 덧붙여지고, 화자는 "당신의 부피가 죽이는 것들"이라는 구절로 살에 대한 혐오감을, 혹은 육식을 하는 '우리'에 대한 불편함을 표현한다. 그 다음은 두 명의 거식증자들이 함께 있는 풍경. "뼈와 뼈가 다리를 포개고 뼈와 뼈가 잔을 들고 창을 바라보네." '뼈'는 거식증자들의 제유(提喩)이고, "온몸의 창살"은 뼈만 남아 있는 그들의 육체의 은유일 것이다. 이 후반부는 아름답다. '타자'의 욕망 속으로 깊이 들어가지 않으면 발생할 수 없는

종류의 상상력이다. 타자**에 대해** 발언하지 않고 타자**로서** 발언할 때 미학과 윤리학은 이렇게 포개진다. 상처의 세 번째 층위는 '연애'다.

> 애인은 고기를 사고 나는 나풀나풀 스웨터를 벗는다 애인은 고기를 사고 상추를 사고 깻잎을 사고 나는 원피스를 벗고 코르셋을 벗고 피어오르는 솜털들을 벗고 애인은 고기를 사고 나는 닦고 있던 거울에 매달려 낮잠을 잔다〔……〕 애인은 고기를 사고 나는 산부인과에 다녀오고 애인은 고기를 사고 나는 손목의 피를 풀어 욕조에 잠긴다 애인은 고기를 사고 나는 구급차에 실려 가고 애인은 고기를 사고 나는 의사를 사랑하고 애인은 고기를 사고 나는 자궁을 꿰매고 애인은 월요일 수요일 금요일 고기를 사고 나는 화요일 목요일 토요일 구두를 닦고 애인은 스무 해째 고기를 사고 나는 애인이 있는 정육점을 지나 스무 해째 엘리베이터를 타고 훨훨훨 공중으로 하관되고 애인은 정육점에 배달된 나의 엘리베이터를 끄르고 ——「애인은 고기를 사고」 부분

이 시에서 '위장'의 방법론에 해당하는 것은 "애인은 고기를 사고 나는……"의 구문이다. 이 구문이 집요하게 반복되면서 발생하는 저 숨 막힘 속에 감추어져 있는 것은 이를테면 연애의 불가능성인 것 같다. 애인의 완강한 동일성과 나의 끝없는 전락. 20년 동안 되풀이 된("애인은

스무 해째 고기를 사고") 그 드라마가 이렇게 펼쳐진다. 당신이 변함없이 고기를 사는 동안, 나는 스웨터를 벗고 원피스를 벗고 코르셋을 벗고 "피어오르는 솜털"마저 벗었다. 그러니까, 당신은 벗지 않았으나 나는 알몸이 되었다. 당신이 변함없이 고기를 사는 동안, 나는 거울을 닦았고 정원수를 칠했고 연필을 깎았다. 그러니까, 당신은 일하지 않았으나 나는 이토록 많은 일을 해야 했다. 당신이 변함없이 고기를 사는 동안, 나는 배꼽을 어루만졌고 붉은 신호등을 매달고 달렸고 산부인과에 다녀왔고 손목을 그었고 자궁을 꿰매었다. 그러니까, 당신은 전혀 다치지 않았으나 나는 아이를 가졌고 불행한 유산을 겪었고 자살을 시도했다. 그렇다면 이제 갈 데까지 간 것이다. 어떤 결론이 있을 수 있겠는가, 이제 당신이 '나'라는 고기를 사는 일밖에는. 나를 실은 관이 애인이 있는 정육점으로 배달되는 장면으로 시는 끝난다. 이렇게 심드렁한 어조로 이토록 잔인한 연애를 노래할 수도 있는가. 연애란 본래 잔인한 것이니까, 그 잔인한 일들을 살아내고도 우리는 이렇게 심드렁하게 살아 있으니까.

　세 편의 시에 대해 덧붙일 것이 있다. 각각 유년의 상처, 타자의 상처, 연애의 상처를 다루고 있는 이 시들은 공교롭게도 모두 '(육)식'에 대한 거부감을 공유하고 있다. 정도의 차이가 있긴 하지만, 가해(加害)와 피해(被

害)의 이미지가 이렇게 공통적으로 고기(육체)를 뜯고 뜯기는 모습으로 그려지고 있다는 점은 흥미롭다. 비둘기는 친구의 살을 뜯고, 거식증에 걸리지 않은 사람들은 핏물이 떨어지는 고기를 뜯고, 애인은 나를 뜯는다. 그러고 보면 이 이미지는 첫번째 시집의 표제작에서 '정육점'을 향해 포복해 가는 마네킹의 형상으로 이미 등장한 바 있고, 앞서 읽은 「개랑 프라이」에서 '반숙의 살덩이를 씹어 먹는 혀'의 형상으로도 나타났었다. 이 이미지들의 심층의 심층에는 또 무엇이 있는 것일까. 그것까지 말하기는 어렵다. 그것이 은폐되어 있기 때문에 이민하의 시는 문(門)이 될 수 있는 것인지도 모른다. 그 문으로 독자가 들고나면서 비어 있는 '심층의 심층'의 자리에 자신의 그것을 투사할 수 있을 것이다. 우리는 그저 이민하의 시에서 '놀이와 상처'의 구조가 작동하는 층위 중 하나가 '(육)식과 그 고통'에 있다는 점을 지적하는 데서 멈춘다. 다른 많은 층위들이 그녀의 시에 존재할 것이다. 이제 눈 밝은 독자들이 그 비밀 속으로 들어갈 것이다.

침묵의 음역

한 개의 입으로는 태어날 수 없나니
우린 뱃속에서 옹알이 대신 입 맞추는 연습을 했네.
지퍼처럼. 복화술처럼.
서로 다른 얼굴로는 태어날 수 없나니
우린 뱃속에서 걸음마 대신 변장술을 익혔네.
처음 거울을 마주하고 텁수룩한 입술을 면도하던 날
차가운 혀를 몰래 나누고 우린 스쳐갔네.
음악처럼. 스캔들처럼. ──「첫 키스」 전문

그들의 죽음이 태어난 날.
내 주머니에서 폭죽을 털어 산파들은 떠나고
아랫배를 울리는 자명종 소리에
가위를 꺼내 나 혼자 배꼽을 지지는 텅 빈 거리,
때가 탄 케이크에 수십 개의 내 얼굴이 꽂히고
나프탈렌 같은 촛불이 켜졌다.
둘이서 촛불을 끄는 그들은 누가 뭐래도 연인.
목조르지 않고는 멈출 수 없느니.
──「관계의 고집」 전문

당신이 방금 한 권의 시집을 다 읽었다면 책꽂이에 꽂

기 전에 첫번째 시와 마지막 시를 다시 한 번 읽어보는 것도 좋겠다. 앞의 시는 쌍둥이 얘기다. 시인은 뱃속의 쌍둥이가 키스하듯 얼굴을 맞대고 있는 사진을 보았다. 그 사진에서 그녀는 다른 듯 닮은 두 존재가 '관계'를 맺는 방식의 어떤 간절한 원형을 본 것 같다. 그래서 시인은 두 존재는 태아일 때부터 관계 맺기에 몰두했을 것이라고 생각한다. (쌍둥이라고는 하지만) "한 개의 입"으로 태어날 수는 없으니 "입 맞추는 연습"을 했을 것이고(이것은 같게 되기 위한 연습), (쌍둥이이기 때문에) 서로 "다른 얼굴"로는 태어날 수도 없으니 "변장술"을 익혔을 것이다(이것은 다르게 되기 위한 연습). 그리고 그들은 세상에 태어나서 다른 누구와가 아니라 둘이 서로 첫 키스를 나누게 될 것이다("차가운 혀를 몰래 나누고"). 두번째 시는 함께 죽은 연인에 관한 얘기다. 시인은 '발다로의 연인'이라 불리는 남녀 유골의 사진을 보았다. 다른 사람들이 그 사진을 보고 숭고한 사랑을 찬미할 때 시인은 그 사진에서 '관계'를 향한 인간의 집요한 열망을 재확인하고 조용히 소스라쳤던 것 같다. 그러고 보니 사진 속의 연인은 껴안고 있는 것이 아니라 서로 목을 조르고 있는 것 같기도 하다. 그래서 시인은 이렇게 적었다. "(……) 그들은 누가 뭐래도 연인./목조르지 않고는 멈출 수 없느니."

　시집의 처음에 태아들이 있고 끝에 유골이 있다. 아마도 우리는, 태아일 때부터 유골이 될 때까지, '관계'를 향한 그토록 간절하고 집요한 욕망에 쓸려 다니는 존재인가. 또 그러는 동안 우리는 얼마나 많은 상처를 입는 것인가. 그것이 유년의 상처이든 타자의 상처이든 혹은 연애의 상처이든, 그 모든 상처들은 결국 "관계의 고집" 속에서 생겨나는 것이 아닌가. 상처 입으면서도 끝내 그 '관계의 고집'을 버릴 수 없는 것이 또한 인간의 숙명이다. 그래서 이 시인은, 태아와 유골 사이의 시간에, 상처의 놀이를 한다. '상처의 놀이'라는 모호한 표현을 사용한 것은 이 놀이가 상처와 대면하기 위한 것이면서 동시에 상처로부터 자유로워지기 위한 이중적인 놀이여서다. 관계의 상처로부터 해방되기 위해, 더 아름다운 관계로 나아가기 위해 그녀는 시적으로 논다. 관계의 상처는 '스캔들'을 낳고 아름다운 관계는 '음악'에 육박할 것이다. 그래서 그녀는 "침묵의 음역에 도달할 때까지 우리의 노이즈는 계속됩니다"(「지퍼―관계에 대한 고집」)라고 적었다. "침묵의 음역"('음악')에 도달하기 위해 씌어지는 "노이즈"('스캔들'), 이것이 이민하의 시다. 그래서 이 시집의 타이틀은 "음악처럼 스캔들처럼"이 되었다.

결론을 맺자. 이민하의 시는 상처와 놀이의 긴장 속에서 씌어진다. 때로 놀이가 너무 많아서 상처가 잘 안 보이는 때가 있다. 놀이가 많은 것은 상처가 깊기 때문일 것이다. 그런 때일수록 시에 오래 머물면서 내밀한 이야기에

귀 기울여야 한다고 생각한다. 타인의 상처와 만나는 일이 어떻게 쉬울 수 있겠는가. 상처가 비밀이고 비밀이 영혼인데. 다르게 쓸 수 있지 않겠느냐고 말하는 것은 어리석은 일이다. 한 편의 시는 어떤 불가피함의 산물이다. 시가 상처의 놀이라면, 아마도 그것은 이렇게도 할 수 있고 저렇게도 할 수 있는 종류의 일이 아닐 것이다. 그러니 쉬운 시와 어려운 시라는 구분을 이제는 포기했으면 한다. 명료한 상처와 불명료한 상처가 있을 뿐이다. 그것은 그 자체로 좋은 것도 나쁜 것도 아니다. 명료한 것은 명료한 대로, 불명료한 것은 불명료한 대로, 그 불가피성을 설득하는 시가 좋은 시라고 생각한다. 이 시집에 묶여 있는 시들을 여러 번 읽었다. 매번 달랐다. 시가 달라질 수는 없을 테니 읽는 이가 달라졌을 것이다. 시를 읽는 일이 이런 것이고 관계를 맺는 일이 이러할 것이다. 오늘 당신의 놀이에 동참하는 일, 어제 당신의 상처를 이해하는 일, 그래서 내일 당신과 함께 침묵하는 일.